PAROLES
DE LA SHOAH

ÉTONNANTS • CLASSIQUES

PAROLES
DE LA SHOAH

Présentation, notes, chronologie et dossier par
PATRICE KLEFF,
professeur de lettres

GF Flammarion

Dans la même collection

Au nom de la liberté, poèmes de la Résistance (anthologie)
Ceux de Verdun, les écrivains et la Grande Guerre (anthologie)

© Flammarion, Paris, 2002.
Édition revue, 2008.
ISBN : 978-2-0812-1522-1
ISSN : 1269-8822

SOMMAIRE

Paroles de la Shoah

I. DES PERSÉCUTIONS AUX CAMPS

II. LES CAMPS : PAROLES DE DÉPORTÉS

III. APRÈS LA SHOAH

■ Dossier 77

Les Juifs européens dans les années 1930

« Auschwitz n'est pas un rêve », écrivait en 1964 Léon Poliakov, l'un des tout premiers historiens de la Shoah[1]. Cette courte phrase résume parfaitement le sens du combat à mener afin que ne disparaisse pas le souvenir des six millions de personnes qui furent exterminées par les nazis entre 1940 et 1945 : plus que l'oubli, c'est l'incrédulité qui domine face à une horreur aussi inconcevable. Mais comment en est-on arrivé là ? Et pourquoi les Juifs furent-ils les victimes principales d'une telle barbarie ?

L'antisémitisme existait en Europe depuis fort longtemps. Il reposait sur des prétextes religieux : les Juifs étaient considérés par les chrétiens comme les assassins du Christ. Cette hostilité se traduit en particulier au Moyen Âge par des mesures discrimina-toires : interdiction d'exercer le culte, conversions forcées au christianisme, port de signes vestimentaires distinctifs, confiscation de biens, exclusion de certaines professions, assujettissement à des impôts supplémentaires, obligation de vivre dans les ghettos... Mal intégrés dans la plupart des pays européens, en particulier en Allemagne, les Juifs étaient même parfois perçus comme des êtres diaboliques, accusés de sacrifier des enfants chrétiens pour célébrer leur Pâque.

---

1. *Shoah* : mot hébreu signifiant « catastrophe », employé pour désigner le géno-cide des Juifs d'Europe par le régime nazi et leurs collaborateurs.

Au fil des siècles, cet antisémitisme religieux s'estompe. Après les Lumières du XVIIIe siècle, les Juifs s'intègrent dans les sociétés civiles d'Europe occidentale, l'appartenance citoyenne prenant le pas sur l'appartenance religieuse. La guerre de 1914-1918, au cours de laquelle furent mobilisés dans les deux camps des hommes de toutes confessions, ne fit qu'accroître ce sentiment ; quant à l'affaire Dreyfus [1], son dénouement en 1906 ne put que renforcer les Juifs de France dans l'idée qu'ils étaient des citoyens à part entière, protégés par les lois de la République. D'ailleurs, Léon Blum [2], président du Conseil en 1936, n'était-il pas juif ?

En Europe centrale (Pologne et Russie), il n'en va cependant pas de même : les communautés juives vivent souvent repliées sur elles-mêmes et parlent le yiddish [3]. Ces communautés ont même à subir périodiquement des pogroms [4] (1881, 1905) qui contraignent de nombreuses familles à l'exil vers l'Ouest.

Ainsi, la situation des Juifs européens est-elle très disparate à l'époque où Hitler accède au pouvoir en Allemagne, le 30 janvier 1933.

---

1. *L'affaire Dreyfus* : en 1894, un officier juif de l'armée française, Alfred Dreyfus, fut injustement accusé d'avoir fourni des renseignements à l'Allemagne. Après plusieurs procès qui divisèrent profondément l'opinion publique et qui marquèrent l'engagement de nombreux intellectuels, dont Émile Zola, Dreyfus fut finalement innocenté et réintégré dans l'armée.

2. *Léon Blum* (1872-1950) : homme politique français. Socialiste, il dirigea la France lors du Front populaire de 1936 à 1937, puis en 1946. Il fut déporté à Buchenwald de 1943 à 1945.

3. *Yiddish* : langue des communautés juives d'Allemagne et d'Europe centrale.

4. *Pogroms* : persécutions dont furent victimes les Juifs de Russie et d'Europe centrale depuis le Moyen Âge jusqu'au milieu du XXe siècle. Souvent initiés, ou pour le moins tolérés, par le pouvoir, les pogroms se traduisaient par le massacre et le pillage des communautés juives, perpétrés par des troupes armées.

Rejeter, regrouper, exterminer

L'un des thèmes de propagande de Hitler était la haine des Juifs, et leur extermination devint progressivement un objectif majeur du régime nazi. Toutefois, ce n'est que par étapes successives que se dessina le projet monstrueux d'éliminer physiquement tous les Juifs d'Europe.

Dès 1933, les nazis prennent des mesures visant à exclure les Juifs de la société civile allemande : boycott des commerces, médecins et avocats juifs ; interaction faite aux Juifs d'être fonctionnaires ; livres d'auteurs juifs brûlés en public. Ces mesures se poursuivent et s'amplifient de 1934 à 1938 : interdiction des relations sexuelles entre Juifs et Allemands, recensement obligatoire de tous les biens des Juifs, signes distinctifs apposés sur les passeports de tous les Juifs d'Allemagne... Au total, plus de quatre cents lois en six ans viennent restreindre les droits des Juifs. Le point culminant de cette phase a lieu le 9 novembre 1938, lorsqu'un gigantesque pogrom est organisé, dont les Juifs, uniques victimes, doivent eux-mêmes payer les dégâts pour avoir, du seul fait de leur existence, troublé l'ordre public.

Mais les nazis ne se contentent pas d'exclure les Juifs : dès le début de la guerre et la conquête de la Pologne, ils entreprennent de les regrouper dans les grandes villes telles que Varsovie et Łódź. Les conditions de vie dans ces ghettos surpeuplés sont abominables : affamés, affaiblis, encerclés, les Juifs deviendront des proies faciles lorsque débuteront, en 1941, les déportations vers les camps d'extermination. Car c'est là le véritable objectif des nazis : après avoir refoulé les Juifs hors des limites de la société civile en les privant de toute citoyenneté et les avoir massés dans des ghettos où les conditions de vie sont infrahumaines, il ne reste plus qu'à les exterminer de la même façon que l'on détruit une vermine, efficacement et sans remords.

Cet objectif ne se trouve écrit nulle part. Même au plus fort du génocide[1], alors que l'Allemagne nazie massacre des dizaines de milliers de déportés chaque jour, il n'est officiellement question que de « déplacements vers l'Est », de « traitement spécial » et de « solution finale du problème juif ».

La fin de l'humanité : les camps

Les camps de concentration couvrent une réalité complexe. Tous n'étaient pas des camps d'extermination, et les Juifs n'en furent pas les seules victimes, même s'ils furent de loin les plus touchés. Si Auschwitz, camp de travail et d'extermination, reste le lieu le plus symbolique, il n'est pas le seul, loin s'en faut, où furent perpétrés les massacres. Certains camps – Bełzec, Chełmno, Sobibór, Treblinka – étaient voués à l'élimination pure et simple des déportés. D'autres comportaient des « commandos de travail », véritables bataillons d'esclaves composés de prisonniers politiques ou de droit commun ainsi que de Juifs, de Tziganes, d'homosexuels : Bergen-Belsen, Ravensbrück, Dachau, Buchenwald... Cependant, tous ses camps poursuivent le même objectif : l'avilissement des prisonniers, en essayant de détruire chez eux toute trace d'humanité.

---

1. *Génocide* : destruction méthodique et systématique d'un groupe ethnique.

Les rescapés des camps de concentration se posent tous plus ou moins la même question à leur retour : « Qu'est-ce qu'un homme ? » Les titres de quelques-uns des principaux récits publiés après la guerre se font l'écho de cette interrogation : en 1947, l'Italien Primo Levi publie *Si c'est un homme*, alors que le Français Robert Antelme écrit *L'Espèce humaine*.

Qu'est-ce qu'un homme, si l'on peut entasser des centaines de personnes dans des wagons à bestiaux, sans hygiène ni eau, des jours durant ? Qu'est-ce qu'un homme, quand à l'arrivée au camp, les plus faibles d'entre eux – malades, enfants, vieillards, femmes enceintes – sont dirigés vers les chambres à gaz tandis que les autres sont réduits en esclavage ? Qu'est-ce qu'un homme lorsqu'il est privé de son nom, tatoué d'un numéro, et soumis à des conditions de vie qui, la plupart du temps, le tuent en quelques semaines ? C'est le statut même de l'être humain qui est ainsi mis en cause.

Tous les témoignages convergent : les camps de concentration avaient pour fonction essentielle d'ôter toute humanité aux prisonniers, en les obligeant à vivre dans des conditions tellement insupportables que la survie personnelle – quelques jours, quelques heures – devenait pour la plupart d'entre eux le seul but à atteindre, fût-ce au détriment de leurs compagnons d'infortune.

Aussi n'est-ce pas un hasard si, au cours du procès de Nuremberg[1], l'accusation invoqua la notion, jusqu'alors inconnue, de « crime contre l'humanité » parmi les chefs d'inculpation. L'humanité fut doublement assassinée à Auschwitz et dans les autres camps de concentration : assassinée dans sa chair, par le génocide de millions de Juifs ; assassinée également dans son essence même, par la volonté de détruire toute dignité humaine.

---

1. *Procès de Nuremberg* : de novembre 1945 à octobre 1946, un tribunal militaire international jugea à Nuremberg (Allemagne) les dirigeants nazis.

Mémoires des camps

Survivre aux camps : certains y parvinrent. Leurs témoignages évoquent certes une volonté farouche de ne pas mourir, mais également le hasard. Presque tous ont vu mourir le déporté qui se trouvait juste à côté d'eux, victime de la colère d'un kapo [1] ou du sadisme d'un SS [2], et tous se sont dit qu'ils auraient pu être celui-là. Comment raconter cela, et tant d'autres horreurs, à ceux qui ne l'ont pas vécu ? Quel sens donner à une vie tant de fois remise en question ? Ces interrogations hantent certains anciens déportés tout au long de leur existence, lui ôtant tout sens : Primo Levi se suicide en 1987, de même que le psychanalyste Bruno Bettelheim en 1990. L'écrivain Jorge Semprún, déporté politique à Buchenwald, s'interroge quant à lui sur le regard que portent les autres sur lui à sa libération et comprend qu'il est perçu comme un mort revenu parmi les vivants. Les rescapés, dans une certaine mesure, dérangent et effraient, car ils rappellent à l'humanité qu'ils ont vécu en dehors d'elle, et qu'elle n'a pas su s'opposer à cette situation.

Le langage humain peut-il restituer une telle expérience ? Beaucoup de survivants pensent que non et se taisent des années durant. Ils essaient de refaire leur vie. Parmi les Juifs, beaucoup quittent l'Europe de l'Est et vont se fixer en Israël ou aux États-Unis. Rares sont ceux qui évoquent, en famille ou publiquement, les camps de concentration : il faut attendre les années 1960-1970 pour que la parole se délie vraiment. L'exemple de Primo Levi est significatif : il écrit *Si c'est un homme* dès 1946 ; le livre est

---

1. *Kapo* : détenu, le plus souvent de droit commun, chargé par les SS de diriger un commando de travail. Afin d'être bien vus des SS, beaucoup de kapos se livrèrent à des actes de cruauté.
2. *SS* : de l'allemand *Schutz-Staffel*, « section de protection » ; membre de groupements paramilitaires nazis, qui constituaient le bras armé du régime.

d'abord refusé par un éditeur, puis publié en 1947 avec un tirage d'à peine 2 500 exemplaires. Il faut attendre 1956 pour que l'ouvrage soit réimprimé en Italie, et le début des années 1960 pour qu'il soit enfin traduit dans le monde entier. Depuis, *Si c'est un homme* est devenu le témoignage le plus lu dans le monde sur la réalité concentrationnaire. L'histoire de ce livre pose une question importante : si certains rescapés ont voulu témoigner dès leur sortie des camps, combien de gens étaient prêts à les écouter ?

Le problème de la mémoire se pose de façon particulièrement aiguë de nos jours. Les témoins directs sont de plus en plus rares ; d'ici quelques années, tous seront morts. La Shoah appartiendra dès lors définitivement à l'Histoire. Elle risque de n'être plus pour les générations à venir qu'un fait de plus à étudier, quelques dates, des chiffres. Certains néofascistes ont déjà tenté de la réduire à un « point de détail » dans l'histoire de la Seconde Guerre mondiale. D'autres, contre toute évidence, ont même nié son existence. Or, la dernière décennie du XXe siècle nous a bien montré, à travers les exemples du Rwanda et de l'ex-Yougoslavie, que la notion de génocide était encore d'actualité. Comment espérer éviter que l'horreur se reproduise si l'on ne cherche pas à comprendre pourquoi et comment elle a été possible ?

Les textes réunis dans ce volume abordent des genres littéraires divers : témoignage, essai, autobiographie, roman, poésie. À travers leur diversité, tous posent les mêmes questions, ces interrogations que notre époque n'a pas le droit d'éluder : qu'est-ce que l'humanité ? la civilisation porte-t-elle en elle le germe de la barbarie ? l'homme se condamne-t-il lui-même à détruire l'humanité qu'il porte en lui ?

CHRONOLOGIE

1933 1945
1933 1945

1933 1945

■ Quelques repères historiques

Repères historiques

1933   *30 janvier* : Hitler accède au pouvoir en Allemagne.
27 février : le Parlement allemand (Reichstag) est incendié.
28 février : adoption des « Décrets pour la protection du peuple
et de l'État », qui suppriment en Allemagne les libertés
fondamentales.
10 mai : grand autodafé au cours duquel les nazis brûlent
des livres d'auteurs juifs et d'opposants.

1933-   Ouverture par les nazis de camps de prisonniers (politiques, juifs,
1939   tziganes) à Dachau, Sachsenhausen, Oranienburg, Mauthausen,
Ravensbrück, Stutthof.

1935   *15 septembre* : lois raciales de Nuremberg pour la « protection
et l'honneur du sang allemand ».
14 novembre : publication d'un arrêté définissant les critères
d'appartenance à la communauté juive.

1938   *13 mars* : l'Allemagne annexe l'Autriche (*Anschluss*).
9 novembre : « nuit de Cristal » : les nazis incendient et pillent
synagogues et magasins juifs. L'État allemand condamne les Juifs
à payer les dégâts.

1939   Pendant l'été, début de l'opération T4 : les nazis décident
d'exterminer les malades mentaux, jugés indignes de vivre
et trop coûteux pour le pays.
1er septembre : l'Allemagne envahit la Pologne. Les Juifs,
regroupés de force dans des ghettos coupés du reste du monde,
y meurent de faim et de maladie.
3 septembre : entrée en guerre de la France et de l'Angleterre :
généralisation du conflit.

1940   *4 mai* : ouverture du camp d'Auschwitz en Pologne.
18 juin : le général de Gaulle lance de Londres son appel
à la résistance.
22 juin : signature de l'armistice marquant la défaite de la France.
10 juillet : en France, l'Assemblée nationale vote les pleins
pouvoirs au maréchal Pétain.
3 octobre : en France, premiers décrets du gouvernement de Vichy
contre les Juifs.
24 octobre : entrevue entre Pétain et Hitler à Montoire,
qui pose les bases d'une politique de « collaboration »
entre la France et l'Allemagne.

1941 *Mars :* l'entreprise allemande I. G. Farben installe une usine de caoutchouc synthétique à Auschwitz et utilise les prisonniers comme main-d'œuvre gratuite.
21 juillet : création du camp d'extermination de Maïdanek.
31 juillet : directive de Göring, bras droit de Hitler, donnant les pleins pouvoirs aux SS afin de trouver « la solution finale à la question juive ».
29 et 30 septembre : massacre de 33 000 Juifs à Babi Yar (Ukraine) par les *Einsatzgruppen* nazis. Au total, ces « unités mobiles » extermineront environ 800 000 personnes.
De septembre à décembre : premiers gazages à Auschwitz et Chełmno.

1942 *20 janvier :* conférence de Wannsee, au cours de laquelle les principaux chefs nazis décident l'extermination massive des Juifs d'Europe. Dès lors, les gazages au Zyklon B se multiplient dans les camps.
De mars à juillet : le gouvernement de Vichy prend des mesures contre les Juifs : port obligatoire de l'étoile jaune, collaboration à la déportation y compris en zone non occupée.
16 et 17 juillet : rafle du Vél d'Hiv : la police française arrête près de 13 000 Juifs qui seront pour la plupart déportés en Pologne.
22 juillet : les Juifs du ghetto de Varsovie commencent à être déportés massivement vers Treblinka pour y être exterminés.
8 novembre : en France, les Allemands envahissent la zone libre.

1943 *2 février :* victoire des Soviétiques sur les Allemands à Stalingrad.
26 février : début de la déportation des Tziganes à Auschwitz.
19 avril-16 mai : le ghetto de Varsovie se soulève avant d'être anéanti par les Allemands.
2 août : tentative de révolte à Treblinka.
14 octobre : tentative de révolte à Sobibór.

1944 *6 juin :* débarquement allié en Normandie.
Juillet : les Soviétiques libèrent le camp de Maïdanek.
2 août : près de 3 000 Tziganes sont gazés à Auschwitz.
7 octobre : le « commando spécial » (*Sonderkommando*) d'Auschwitz tente de se révolter.
Novembre : fin des gazages à Auschwitz. Himmler, ministre de l'Intérieur de Hitler, ordonne de détruire les chambres à gaz afin de faire disparaître toute trace des massacres.

1945   *De janvier à mai* : libération progressive des camps à mesure de l'avancée alliée. Des dizaines de milliers de détenus périssent au cours des marches forcées que leur imposent les nazis : ceux-ci veulent éliminer tous les témoins des camps.
8 mai : capitulation de l'Allemagne.
18 octobre : ouverture du procès de Nuremberg au cours duquel sont jugés les principaux dirigeants nazis pour crimes de guerre et crime contre l'humanité, notion de droit nouvellement créée afin de répondre au crime de génocide.

Paroles de la Shoah

I. Des persécutions aux camps

Les Juifs allemands sont les premiers touchés par les mesures anti-sémites de Hitler. Mais c'est à partir de 1939, avec l'invasion de la Pologne par les troupes nazies, que les persécutions gagnent l'Europe entière. Dans tous les pays envahis se met en place le processus menant à la déportation et à l'extermination. Cependant, ce processus n'est pas uniforme : ainsi, en Europe de l'Est (Ukraine et Pologne notamment), où existe un antisémitisme virulent depuis longtemps, les nazis peuvent-ils compter sur la passivité – sinon l'appui – d'une partie importante de la population pour expulser les Juifs de chez eux et les regrouper brutalement dans les ghettos. La situation est différente dans les pays occupés en 1940 par les Allemands (France, Belgique et Pays-Bas) : ce n'est que progressive-ment, et parfois avec la complicité des gouvernements en place, comme celui de Vichy, que sont prises les mesures visant à singula-riser les Juifs.

■ Joseph Joffo, *Un sac de billes*

Joseph Joffo est né à Paris en 1931. *Un sac de billes* est le témoi-gnage romancé de sa vie entre 1941 et 1944.

L'extrait suivant se situe au début du récit, à Paris, alors que se généralise l'obligation pour les Juifs de porter un signe distinctif sur leurs vêtements, l'étoile jaune.

– À ton tour, Jo.

Je m'approche mon veston à la main. Il est huit heures et c'est encore la nuit complète dehors. Maman est assise sur la chaise derrière la table. Elle a un dé, du fil noir et ses mains tremblent.
5 Elle sourit avec les lèvres seulement.

Je me retourne. Sous l'abat-jour de la lampe, Maurice est immobile. Du plat de la paume il lisse sur son revers gauche l'étoile jaune cousue à gros points :

JUIF

10 Maurice me regarde.

– Pleure pas, tu vas l'avoir aussi ta médaille.

Bien sûr que je vais l'avoir, tout le quartier va l'avoir. Ce matin lorsque les gens sortiront ce sera le printemps en plein hiver, une floraison spontanée : chacun son gros coucou[1] étalé à la bouton-
15 nière.

Quand on a ça, il n'y a plus grand-chose que l'on peut faire : on n'entre plus dans les cinémas, ni dans les trains, peut-être qu'on n'aura plus le droit de jouer aux billes non plus, peut-être aussi qu'on n'aura plus le droit d'aller à l'école. Ça serait pas mal
20 comme loi raciale, ça.

Maman tire sur le fil. Un coup de dents au ras du tissu et ça y est, me voilà estampillé ; des deux doigts de la main qui vient de coudre, elle donne une petite tape sur l'étoile comme une coutu-rière de grande maison qui termine un point difficile. Ça a été plus
25 fort qu'elle.

Papa ouvre la porte comme j'enfile ma veste. Il vient de se raser, il y a l'odeur du savon et de l'alcool qui est entrée avec lui. Il regarde les étoiles puis sa femme.

– Eh bien, voilà, dit-il, voilà, voilà…

30 J'ai ramassé mon cartable, j'embrasse maman. Papa m'arrête.

– Et maintenant tu sais ce qui te reste à faire ?

– Non.

---

1. *Coucou* : petite fleur jaune printanière.

– À être le premier à l'école. Tu sais pourquoi ?

– Oui, répond Maurice, pour faire chier Hitler.

35 Papa rit.

– Si tu veux, dit-il, c'est un peu ça.

Il faisait froid dehors, nos galoches claquaient sur le pavé. Je ne sais pas pourquoi, je me suis retourné, nos fenêtres donnaient au-dessus du salon et je les ai vus tous les deux qui nous regardaient

40 derrière les vitres, ils s'étaient pas mal ratatinés depuis quelques mois.

Maurice fonçait devant en soufflant fort pour faire de la buée. Les billes sonnaient toutes ensemble dans ses poches.

– On va la garder longtemps, l'étoile ?

45 Il s'arrête pour me regarder.

– J'en sais rien, moi. Pourquoi, ça te gêne ?

Je hausse les épaules.

– Pourquoi ça me gênerait ? C'est pas lourd, ça m'empêche pas de cavaler, alors…

50 Maurice ricane.

– Alors si ça te gêne pas, pourquoi tu mets ton cache-nez devant ?

Il voit toujours tout, ce mec.

– Je mets pas mon cache-nez devant. C'est le vent qui l'a

55 rabattu dessus.

Maurice rigole.

– T'as raison mon petit pote, c'est le vent.

À moins de deux cents mètres, c'est la grille de l'école, la cour des marronniers, noirs en cette saison. D'ailleurs, les marronniers de

60 l'école de la rue Ferdinand-Flocon m'ont paru toujours noirs, peut-être étaient-ils morts depuis longtemps, à force de pousser dans le bitume, serrés dans des grilles de fer, ce n'est pas une vie d'arbre.

– Hé… Joffo !

C'est Zérati qui m'appelle. C'est mon copain depuis le prépa-

65 ratoire, à trois culottes l'année on en a usé deux bonnes douzaines à nous deux sur ces sacrés bancs.

Il court pour me rattraper, son nez rouge de froid sort du passe-montagne. Il a des moufles et est engoncé dans la pèlerine grise que je lui ai toujours vue.

70 – Salut.

– Salut.

Il me regarde, fixe ma poitrine et ses yeux s'arrondissent. J'avale ma salive.

C'est long le silence quand on est petit.

75 – Bon Dieu, murmure-t-il, t'as vachement du pot, ça fait chouette.

Maurice rit et moi aussi, un sacré soulagement m'a envahi. Tous les trois nous pénétrons dans la cour.

Zérati n'en revient pas.

80 – Ça alors, dit-il, c'est comme une décoration. Vous avez vraiment du pot.

J'ai envie de lui dire que je n'ai rien fait pour ça mais sa réaction me rassure, au fond c'est vrai, c'est comme une grande médaille, ça ne brille pas mais ça se voit quand même.

85 Il y a des groupes sous le préau, d'autres courent, louvoient à toute vitesse entre les pylônes qui soutiennent le toit.

– Eh, les mecs, vous avez vu Joffo ?

C'était pas la mauvaise intention, au contraire, il voulait m'exhiber un peu, Zérati, me faire briller aux yeux des copains, 90 comme si du jour au lendemain j'avais accompli un acte héroïque et qu'il ait voulu le faire savoir à tout le monde.

Un cercle s'est formé et j'en ai été le centre.

Kraber a souri tout de suite, la lampe éclairait son visage.

– T'es pas le seul, il y en a qu'ont la même en deuxième 95 année.

Dans l'ombre derrière, il y a un remous et deux visages sont apparus, pas souriants ceux-là.

– T'es un youpin [1], toi ?

---

1. *Youpin* : terme injurieux et raciste désignant un Juif.

Difficile de dire non quand c'est écrit sur le revers de sa veste.

100 – C'est les youpins qui font qu'il y a la guerre.

– Tiens, cela me rappelle quelque chose, il n'y a pas si longtemps…

Zérati n'en revient pas. Il ne doit pas dépasser trente-cinq kilos et au concours de biceps c'est toujours le dernier, il a beau contrac-

105 ter ses muscles au maximum, il n'arrive qu'à fournir un imperceptible renflement. Pourtant il se retourne vers le grand.

– T'es tout con, toi, c'est la faute à Jo si il y a la guerre ?

– Parfaitement, faut les virer, les youds.

Murmures.

110 Mais qu'est-ce qui vient d'arriver ? J'étais un gosse, moi, avec des billes, des taloches, des cavalcades, des jouets, des leçons à apprendre, papa était coiffeur, mes frères aussi, maman faisait la cuisine, le dimanche papa nous emmenait à Longchamp voir les canassons et prendre l'air, la semaine en classe et voilà tout, et

115 tout d'un coup on me colle quelques centimètres carrés de tissu et je deviens juif.

Juif. Qu'est-ce que ça veut dire d'abord ? C'est quoi, un Juif ?

Je sens la colère qui vient doublée de la rage de ne pas comprendre.

120 Le cercle s'est resserré.

– T'as vu son tarin [1] ?

Rue Marcadet il y avait une affiche au-dessus du marchand de chaussures, juste à l'angle, une très grande affiche en couleur. Dessus, on voyait une araignée qui rampait sur le globe terrestre,

125 une grosse mygale velue avec une tête d'homme, une sale gueule avec des yeux fendus, des oreilles en chou-fleur, une bouche lippue et un nez terrible en lame de cimeterre. En bas c'était écrit quelque chose du genre : « Le Juif cherchant à posséder le monde. » On passait souvent devant avec Maurice. Ça nous faisait ni chaud

130 ni froid, c'était pas nous ce monstre ! On n'était pas des araignées

---

1. **Tarin** : nez (terme d'argot).

et on n'avait pas une tête pareille, Dieu merci ; j'étais blondinet, moi, avec les yeux bleus et un pif comme tout le monde. Alors c'était simple : le Juif c'était pas moi.

Et voilà que tout d'un coup, cet abruti me disait que j'avais un 135 tarin comme sur l'affiche ! Tout ça parce que j'avais une étoile.

– Qu'est-ce qu'il a mon tarin ? C'est pas le même qu'hier ?

Il a rien trouvé à répondre le grand dadais, je voyais qu'il cherchait la réplique lorsque ça a sonné.

■ Anne Frank, *Journal*

Née en 1929, Anne Frank passe la plus grande partie de son enfance à Amsterdam. Elle est contrainte, en juillet 1942, de se cacher avec sa famille dans le grenier de l'immeuble où travaillait son père afin d'échapper aux rafles. Elle tient un journal intime auquel elle donne le prénom de Kitty, afin de tromper l'ennui et la solitude. En août 1944, les Frank sont découverts et déportés à Bergen-Belsen : seul le père survivra. Anne y meurt en mars 1945, un mois avant la libération du camp.

Samedi 20 juin 1942.

C'est une sensation très étrange, pour quelqu'un dans mon genre, d'écrire un journal. Non seulement je n'ai jamais écrit, mais il me semble que plus tard ni moi, ni personne ne s'intéressera aux confidences d'une écolière de treize ans. Mais à vrai dire, 5 cela n'a pas d'importance, j'ai envie d'écrire ce que j'ai sur le cœur une bonne fois pour toutes à propos d'un tas de choses. Le papier a plus de patience que les gens : ce dicton m'est venu à l'esprit par un de ces jours de légère mélancolie où je m'ennuyais, la tête dans les mains, en me demandant dans mon apathie s'il 10 fallait sortir ou rester à la maison et où, au bout du compte, je restais plantée là à me morfondre. Oui, c'est vrai, le papier a de la patience, et comme je n'ai pas l'intention de jamais faire lire à qui que ce soit ce cahier cartonné paré du titre pompeux de « Journal », à moins que de rencontrer une fois dans ma vie un ami ou une amie qui devienne l'ami ou l'amie avec un grand A, personne n'y verra probablement d'inconvénient.

Me voici arrivée à la constatation d'où est partie cette idée de journal : je n'ai pas d'amie.

Pour être encore plus claire, il faut donner une explication, car personne ne comprendrait qu'une fille de treize ans soit complètement seule au monde, ce qui n'est pas vrai non plus : j'ai des parents adorables et une sœur de seize ans ; j'ai, tout bien compté, au moins trente camarades et amies, comme on dit, j'ai une nuée d'admirateurs qui ne me quittent pas des yeux et qui, en classe, faute de mieux, tentent de capter mon image dans un petit éclat de miroir de poche. J'ai ma famille et un chez-moi. Non, à première vue, rien ne me manque, sauf l'amie avec un grand A. Avec mes camarades, je m'amuse et c'est tout, je n'arrive jamais à parler d'autre chose que des petites histoires de tous les jours, ou à me rapprocher d'elles, voilà le hic. Peut-être ce manque d'intimité vient-il de moi, en tout cas le fait est là et malheureusement on ne peut rien y changer. De là ce journal. Et pour renforcer encore dans mon imagination l'idée de l'amie tant attendue, je ne veux pas me contenter d'aligner les faits dans ce journal comme ferait n'importe qui d'autre, mais je veux faire de ce journal l'amie elle-même et cette amie s'appellera Kitty.

Idiote ! Mon histoire ! on n'oublie pas ces choses-là.

Comme on ne comprendra rien à ce que je raconte à Kitty si je commence de but en blanc, il faut que je résume l'histoire de ma vie, quoi qu'il m'en coûte.

Mon père, le plus chou des petits papas que j'aie jamais rencontrés, avait déjà trente-six ans quand il a épousé ma mère, qui en avait alors vingt-cinq. Ma sœur Margot est née en 1926, à Francfort-sur-le-Main. Le 12 juin 1929, c'était mon tour.

J'ai habité Francfort jusqu'à l'âge de quatre ans.

Comme nous sommes juifs à cent pour cent, mon père est venu en Hollande en 1933, où il a été nommé directeur de la société néerlandaise Opetka, spécialisée dans la préparation de confitures. Ma mère, Edith Frank-Holländer, est venue le rejoindre
50 en Hollande en septembre. Margot et moi sommes allées à Aix-la-Chapelle, où habitait notre grand-mère. Margot est venue en Hollande en décembre et moi en février et on m'a mise sur la table, parmi les cadeaux d'anniversaire de Margot.

Peu de temps après, je suis entrée à la maternelle de l'école
55 Montessori[1], la sixième. J'y suis restée jusqu'à six ans, puis je suis allée au cours préparatoire. En CM2, je me suis retrouvée avec la directrice, Mme Kuperus, nous nous sommes fait des adieux déchirants à la fin de l'année scolaire et nous avons pleuré toutes les deux, parce que j'ai été admise au lycée juif où va aussi Margot.

60 Notre vie a connu les tensions qu'on imagine, puisque les lois antijuives de Hitler n'ont pas épargné les membres de la famille qui étaient restés en Allemagne. En 1938, après les pogroms[2], mes deux oncles, les frères de maman, ont pris la fuite et se sont retrouvés sains et saufs en Amérique du Nord, ma grand-mère est
65 venue s'installer chez nous, elle avait alors soixante-treize ans.

À partir de mai 1940, c'en était fini du bon temps, d'abord la guerre, la capitulation, l'entrée des Allemands, et nos misères, à nous les juifs, ont commencé. Les lois antijuives se sont succédé sans interruption et notre liberté de mouvement fut de plus en plus
70 restreinte. Les juifs doivent porter l'étoile jaune ; les juifs doivent rendre leurs vélos ; les juifs n'ont pas le droit de prendre le tram ; les juifs n'ont pas le droit de circuler en autobus, ni même dans une voiture particulière ; les juifs ne peuvent faire leurs courses que de trois heures à cinq heures ; les juifs ne peuvent aller que chez un
75 coiffeur juif ; les juifs n'ont pas le droit de sortir dans la rue de huit

---

1. *École Montessori* : école appliquant la pédagogie développée par la psychiatre Maria Montessori (1870-1952), qui privilégie l'épanouissement de l'enfant et le respect de sa liberté.
2. *Pogroms* : voir la note 4, p. 6.

heures du soir à six heures du matin ; les juifs n'ont pas le droit de fréquenter les théâtres, les cinémas et autres lieux de divertisse-ment ; les juifs n'ont pas le droit d'aller à la piscine, ou de jouer au tennis, au hockey ou à d'autres sports ; les juifs n'ont pas le droit
80 de faire de l'aviron ; les juifs ne peuvent pratiquer aucun sport en public. Les juifs n'ont plus le droit de se tenir dans un jardin chez eux ou chez des amis après huit heures du soir ; les juifs n'ont pas le droit d'entrer chez des chrétiens ; les juifs doivent fréquenter des écoles juives, et ainsi de suite, voilà comment nous vivotions et il
85 nous était interdit de faire ceci ou de faire cela. Jaque me disait toujours : « Je n'ose plus rien faire, j'ai peur que ce soit interdit. »

Dans l'été de 1941, grand-mère est tombée gravement malade, il a fallu l'opérer, et on a un peu oublié mon anniversaire. Comme d'ailleurs dans l'été de 1940, parce que la guerre venait de se
90 terminer aux Pays-Bas. Grand-mère est morte en janvier 1942. Personne ne sait à quel point moi, je pense à elle et comme je l'aime encore. Cette année, en 1942, on a voulu rattraper le temps perdu en fêtant mon anniversaire et la petite bougie de grand-mère était allumée près de nous.

95 Pour nous quatre, tout va bien pour le moment, et j'en suis arrivée ainsi à la date d'aujourd'hui, celle de l'inauguration solen-nelle de mon journal, 20 juin 1942.

L'antisémitisme

Les persécutions contre les Juifs en Europe remontent à une époque très ancienne (voir présentation). Bien que les Lumières aient permis, en véhiculant une idéologie mettant en avant la tolérance, de faire prendre conscience au monde chrétien de l'injustice d'un tel comportement, l'antisémitisme ne disparaît jamais complètement. Il resurgit même de façon particulièrement violente au tournant du XXᵉ siècle, où des théoriciens racistes exploitent l'affaire Dreyfus pour dénoncer un prétendu « péril juif ». La crise économique qui traverse l'Europe à la fin des années 1920 lui donne un nouvel essor : en Allemagne, bien sûr, mais également en France où l'extrême droite prend les Juifs pour boucs émissaires de la situation économique. Ce regain d'anti-sémitisme surprend la plupart des Juifs, qui se perçoivent eux-mêmes comme Français ou Allemands avant tout. Anne Frank et Joseph Joffo, mais aussi Fred Uhlman dans son roman *L'Ami retrouvé* rendent bien compte de cette situation absurde : c'est par le regard hostile des autres que certains Juifs ont compris qu'ils étaient juifs. Ce regard devient même caricatural dans les affiches de propagande des années 1930 et 1940 : nez crochu, cheveux crépus, lèvres épaisses, « le Juif éternel » y est représenté comme une pieuvre ou une araignée enserrant la Terre. ∎

Témoigner : Paroles de la Shoah

Les trois témoignages réunis ci-dessous, ainsi que ceux qui figurent p. 38, sont des interviews réalisées à partir de 1979 par des chercheurs de l'université de Yale, aux États-Unis. Le but poursuivi par ces historiens était de recueillir le plus de témoignages possible des survivants de la Shoah avant que ceux-ci ne disparaissent.

Frank S.

Frank S., né en 1921, a été élevé à Breslau, en Allemagne. Il se souvient ici du changement d'attitude de ses professeurs après l'arrivée au pouvoir des nazis en 1933.

Puis tout d'un coup, les professeurs sont arrivés en uni-
formes. Chaque professeur devait avoir un uniforme. Mon professeur de biologie portait un uniforme SS ; un uniforme de la
Gestapo avec une tête de mort, vous voyez, les os, les os croisés
5 sous le crâne. Un autre professeur, mon professeur de latin, qui
disait toujours «Salvete Discipuli», il portait un uniforme des
troupes d'assaut, l'uniforme brun. Le salut aussi avait changé, ce
n'était plus «Salvete Discipuli» et «Salve Magister [1]... » en retour,
mais «Heil Hitler». Il est entré en lançant «Heil Hitler, élèves», et
10 nous devions nous lever et répondre «Heil Hitler, professeur».
Puis nous avons changé de programme pour intégrer cette
Rassenkunde, la raciologie. C'était une matière principale. Nous
étions supposés apprendre ce que c'est qu'un Aryen, la race
aryenne [2]. En opposition à la race aryenne, c'était nous, les Juifs.
15 Les élèves devaient apprendre les différences entre un pur aryen
blond aux yeux bleus et un Juif. Je détestais ce professeur de
biologie de toutes mes forces. Il me faisait lever en tirant sur mes
papillotes [3] et me plaçait face à la classe, vous imaginez : «Ça,
c'est un Juif», il commençait alors à décrire mon nez, mes joues,
20 mes cheveux, mes traits, expliquant comment on reconnaissait
un Juif. J'étais profondément humilié. Je le détestais et je me
sentais épouvantablement mal.

Rabbin Baruch G., Mlawa (Pologne)

Baruch G., né en 1923 en Pologne, se voit contraint aux travaux
forcés après l'invasion allemande en 1939. Déporté, il survit à plusieurs camps, dont Auschwitz, et devient rabbin.

---

1. «*Salvete Discipuli*» et «*Salve Magister*» : «Bonjour, élèves» et
«Bonjour, maître», en latin.
2. *Race aryenne* : les nazis proclamaient l'existence d'une race d'individus
blonds aux yeux bleus, la race aryenne, supérieure à toutes les autres.
3. *Papillotes* : longues mèches de cheveux en boucles, portées par les
hommes juifs traditionalistes.

Chaque Juif devait se faire recenser. Chaque Juif devait porter un numéro. Chaque Juif devait porter un rond blanc indiquant qu'il était juif, sur le devant et dans le dos. Plus tard, ça a changé pour du jaune. Un Juif devait enlever son chapeau quand il voyait
5 un Allemand. Un Allemand avait le droit de faire appel à n'importe quel Juif, à n'importe quel moment, pour le faire travailler. N'importe quel travail. Mes parents étaient particulièrement inquiets pour moi, qui étais l'aîné et en âge d'être réquisitionné. Alors ils m'envoyaient aux champs. J'emmenais des livres
10 et j'étudiais toute la journée. Les nuits, je les passais dans la cave. Nous avions organisé un groupe d'étudiants de mon âge. On se rencontrait tous les jours pour étudier – secrètement bien sûr. Une fois, je me souviens qu'un samedi un policier polonais est venu me chercher, il savait qu'on se cachait dans le grenier à grains
15 pour suivre le service religieux. C'était la première fois que j'étais réquisitionné, j'étais décomposé. C'était le jour du shabbat et c'était la première fois que je travaillais le jour du shabbat[1]. Ils nous ont donné à manger, mais ce n'était pas kasher[2] alors je n'ai pas mangé. J'ai été plus malin après, malheureusement. Pour
20 moi, qui étais un jeune homme surprotégé, c'était un énorme traumatisme.

En repensant après coup à ce qui se passait, ce n'était pas si terrible. D'accord, j'étais battu. Et alors ? À propos des coups, je me souviendrai toujours de la première fois où j'ai été battu. Ça
25 m'a vraiment touché, pas tant la douleur causée par les coups que la souffrance morale. Au lieu de m'expliquer comment on mettait les briques – elles devaient être placées d'une certaine façon pour pouvoir être empilées –, il s'est simplement jeté sur moi pour me battre, sans que je sache pourquoi. Je n'ai même pas pleuré. C'est
30 quand je suis rentré à la maison que j'ai éclaté en larmes. Je pensais «ce type-là est une bête». En plus, j'étais consciencieux. Je

---

1. *Shabbat* : repos hebdomadaire, du vendredi soir au samedi soir, observé par les Juifs.
2. *Kasher* : se dit d'un aliment conforme aux préceptes de la religion juive.

devais aller travailler. Je savais une chose, il fallait que je fasse du mieux que je pouvais, c'étaient des travaux forcés. Mais pourquoi (les coups) ? De quel droit ? C'était incompréhensible pour moi.

35 Je veux dire, on oublie ces choses-là, vous savez, parce qu'il y avait tellement d'autres choses que nous devions supporter, beaucoup d'autres choses aux conséquences horribles qui ne sont pas encore réglées dans ma tête. Alors on oublie ces petites choses. Mais si on se met à les analyser, elles me faisaient terriblement souffrir.

Helen K., âgée de 19 ans à Varsovie (Pologne)

Helen K. est née en 1924 en Pologne. Elle est l'une des rares survivantes du ghetto de Varsovie, avant d'être déportée à Maïdanek, puis à Auschwitz, où elle contribue à la destruction d'un des fours crématoires en octobre 1944, lors de la tentative de soulèvement.

J'ai vécu dans le ghetto jusqu'en 1943, le 9, le 10 mai, c'était le soulèvement des Juifs de Varsovie. J'ai été une des dernières personnes à sortir du ghetto de Varsovie. Beaucoup de gens ne savent pas et pensent que nous sommes restés vraiment trop

5 passifs. Mais si vous voulez bien regarder l'Histoire, vous ne pouvez pas ignorer que des pays comme la France, la Belgique ou la Hollande ont cédé en quelques jours. Les Allemands sont arrivés et les ont envahis. Le ghetto de Varsovie a tenu quatre semaines. Même la Pologne n'a pas tenu quatre semaines. Les

10 Allemands avaient vraiment très peur de rentrer dans le ghetto de Varsovie. Ils sont venus avec des tanks pour le liquider. C'était en 1943, pendant la pâque [1], nous étions préparés. Nous n'avions pas beaucoup de munitions, alors on lançait des cocktails Molotov sur les tanks, beaucoup d'Allemands ont été tués. Nous

15 leur avons pris leurs munitions, voilà ce que nous avons fait.

---

1. *Pâque* : fête qui commémore la sortie d'Égypte des Hébreux.

Nous étions psychologiquement préparés à nous faire tuer plutôt que d'être emmenés dans les camps de concentration.

Ma mère était avec moi et mon frère. Un jour, quand les Allemands sont venus – c'était tout à la fin du ghetto de Varsovie [long silence]. Je voudrais que vous sachiez que ma mère n'avait pas quarante ans. Mon père non plus. Les Allemands arrivaient, nous devions grimper à cette corde, mais elle ne pouvait pas. Elle est allée se cacher dans l'abri en bas avec les résistants. Nous avions plusieurs abris. On ne les faisait pas trop grands parce qu'on voulait éviter, si les Allemands arrivaient, que tout le monde soit pris. Nous avions cinq cachettes différentes en bas, nous on se cachait à l'étage, il y avait peut-être cinquante, soixante personnes là-haut. Ma mère n'avait pas pu monter à la corde parce que les Allemands arrivaient trop vite. Elle s'est cachée en bas. Après qu'ils ont été partis, les Allemands, je suis allée la chercher, mais elle n'était plus là.

Quelques jours plus tard, nous avons été forcés de quitter le ghetto. Ils sont venus avec un camion de pompiers, avec la grande échelle, ils nous ont tous fait descendre. Il y avait mon frère, moi – j'étais mariée à l'époque – mon mari et ses sœurs. On était tous cachés là, peut-être cinquante personnes. Tout brûlait. C'était impossible de rester. Ils nous enfumaient pour nous faire sortir. Les gens devaient sortir des maisons. Impossible de se cacher. Et ce n'est pas fini – pour couronner le tout, après que les maisons eurent brûlé, ils sont venus les raser. Même si vous aviez réussi à rester caché, les gens étouffaient là-dessous. J'étais avec la famille (de mon mari), mon frère, tous ensemble. Ma mère avait été emmenée quelques jours plus tôt. Ils nous ont tous emmenés à Maïdanek.

■ Etty Hillesum, *Lettres de Westerbork*

Etty Hillesum (1914-1943) est hollandaise. Outre *Une vie boule-versée*, son journal intime, elle a écrit les *Lettres de Westerbork*. Cette correspondance avec les siens, d'où est tiré l'extrait suivant, est un témoignage important sur les persécutions dont furent victimes les Juifs hollandais. Westerbork était un camp de transit où ils étaient regroupés avant d'être envoyés à la mort. Etty Hillesum choisit d'y travailler afin d'aider les gens en détresse. Elle est elle-même déportée et meurt à Auschwitz.

Amsterdam, décembre 1942.

[…] Oui – Westerbork…

Si j'ai bien compris, cet endroit – aujourd'hui foyer de souffrance juive – était il y a quatre ans encore sauvage et désert, et l'esprit du ministère de la Justice planait sur la lande.

5   « Il n'y avait ici pas un papillon, pas une fleurette, pas le moindre vermisseau », m'assurent, tout excités, les plus anciens « résidents » du camp. Et à présent ? Je vous donne au hasard un extrait de l'inventaire : il y a un orphelinat, une synagogue, une morgue et une fabrique de semelles en pleine expansion. J'ai
10 entendu parler de la construction d'un asile d'aliénés et le complexe des baraques hospitalières, qui s'étend continuellement, compte déjà mille lits, d'après les derniers chiffres que je connaisse.

La petite maison d'opérette qui se dresse dans un coin du camp, grande comme un mouchoir de poche, semble ne plus
15 suffire. On projette d'en construire une autre, plus grande. Cela vous paraîtra sans doute assez surprenant : une prison à l'intérieur d'une prison.

Il y a des crises de cabinet en miniature, accompagnées des intrigues et des manœuvres dont elles semblent décidément insé
20 parables.

Il y a un commandant hollandais et un commandant allemand. Le premier a plus d'ancienneté, le second plus d'autorité.

De ce dernier, l'on dit en outre qu'il aime la musique et que c'est un gentleman. Je suis mal placée pour en juger, bien qu'à mon avis il exerce des fonctions tout de même assez inattendues pour un gentleman…

Il y a une salle de théâtre qui, dans un passé glorieux où la notion de «convoi» restait à inventer, a servi de cadre à un Shakespeare affreusement mutilé. Aujourd'hui, la même scène est occupée par des bureaux et des machines à écrire.

Il y a de la boue, tant de boue qu'il faut avoir un soleil intérieur accroché entre les côtes si l'on veut éviter d'en être psychologiquement victime. (Victime de chaussures abîmées et de pieds mouillés – vous me comprenez.)

Notre camp n'a qu'un étage et pourtant on y surprend une multitude d'accents aussi impressionnante que si la tour de Babel avait été élevée parmi nous : bavarois et groninguois, saxon et frison oriental, allemand avec un accent polonais ou russe, hollandais avec un accent allemand et vice versa, amsterdamois et berlinois – et j'attire votre attention sur le fait que notre établissement couvre au maximum un peu plus d'un demi-kilomètre carré.

Les barbelés ne sont qu'une question de point de vue. «*Nous*, derrière des barbelés ? disait un jour un indestructible vieux monsieur avec un geste mélancolique de la main, et *eux*, là-bas, ils ne vivent pas derrière des barbelés, peut-être ? » Et il pointait du doigt dans la direction des hautes villas qui se dressent tels des geôliers de l'autre côté de la clôture.

Si seulement ces barbelés se contentaient d'entourer le camp, on s'y retrouverait, mais c'est aussi à l'intérieur, autour des baraques et entre elles, que ces fils si caractéristiques du xxᵉ siècle serpentent en un réseau labyrinthique et impénétrable. De temps à autre, on rencontre des gens au visage ou aux mains couverts d'égratignures.

Aux quatre coins de notre village de bois se dressent des miradors constitués chacun d'une plate-forme en plein vent juchée sur quatre hauts piliers. Un homme casqué et armé d'un fusil y monte la garde et se dessine contre des ciels changeants. Le soir, on entend parfois des coups de feu claquer sur la lande, comme ce jour où un aveugle en s'égarant s'était un peu trop approché des barbelés…

60 Voilà bien ce qui rend la tâche si difficile dès que l'on veut parler de Westerbork : son caractère ambivalent [1]. D'un côté, une société stable est en train de s'y former, une communauté constituée certes sous la contrainte, mais douée cependant de toutes les facettes propres à un groupe social humain ; de l'autre, un camp
65 conçu pour un peuple en transit et agité de forts remous à chaque déferlement de nouvelles vagues humaines venues des grandes villes ou de province, de maisons de repos, de prisons ou de camps disciplinaires, de tous les coins et les recoins les plus perdus de Hollande, pour être déportées de nouveau quelques jours
70 plus tard, cette fois vers une destination inconnue.

Vous pensez si l'on se bouscule sur ce demi-kilomètre carré ! Car tout le monde n'est pas, bien sûr, comme cet homme qui bourra un jour son sac à dos pour monter dans le train de son propre mouvement et qui répondit aux questionneurs qu'il vou-
75 lait être libre de partir quand bon lui semblait – à *lui*. Cela m'a fait penser à ce juge romain qui disait à un martyr : « Sais-tu que j'ai le pouvoir de te tuer ? » Et l'autre : « Mais savez-vous que j'ai le pouvoir d'être tué ? »

Mais à part cela on se bouscule tout de même beaucoup à
80 Westerbork, c'est une vraie mêlée – comme, après le naufrage, autour du dernier bout de bois auquel s'accrochent désespérément beaucoup, beaucoup trop de gens en train de se noyer.

On préfère rester, même dans cette province perdue, la plus déshéritée de Hollande, et passer l'hiver derrière les barbelés
85 plutôt que de se laisser entraîner au fin fond de l'Europe, vers des contrées et des destinations inconnues, d'où seuls des échos très rares et très vagues sont parvenus jusqu'à présent à ceux qui sont demeurés ici. Mais le quota doit être rempli et le train aussi,

---

1. *Ambivalent* : qui a deux sens opposés.

ce train qui vient chercher sa cargaison avec une régularité
presque mathématique – et l'on ne peut retenir chacun en le
présentant comme indispensable au camp ou trop malade pour
supporter le transport, même si l'on tente de le faire pour beaucoup. On se dit certains jours qu'il serait plus simple de partir
soi-même une fois pour toutes « en convoi », plutôt que de devoir
être témoin, semaine après semaine, des angoisses et du déses-
poir des milliers et des milliers d'hommes, de femmes, d'enfants,
d'infirmes, de débiles mentaux, de nourrissons, de malades et de
vieillards qui glissent entre nos mains secourables en un cortège
presque ininterrompu.

Mon stylo ne dispose pas d'accents assez graves pour vous
donner une image tant soit peu fidèle de ces convois. Vus du
dehors, ils semblaient pouvoir sécréter à la longue une noire
monotonie, et pourtant chacun d'entre eux était à part et possé-
dait pour ainsi dire son atmosphère propre.

Lorsque le premier convoi est passé entre nos mains, nous
avons cru un moment ne plus pouvoir jamais rire ou être gai,
nous nous sommes sentis changés en d'autres êtres, soudain
vieillis, étrangers à toutes nos anciennes amitiés.

Mais ensuite, lorsqu'on revient parmi les hommes, on s'aper-
çoit que partout où il y a des hommes il y a de la vie, et que la vie
est toujours là dans ses innombrables nuances – « avec un rire et
une larme », pour parler comme les romans populaires.

Tout était différent selon que les nouveaux arrivants avaient eu le
temps de se préparer, de se munir d'un sac à dos bien rempli, ou bien
avaient été traînés à l'improviste hors de chez eux ou fauchés en
pleine rue. À la longue, nous ne connûmes plus que le dernier cas.

Lors des premiers convois de rafles, en voyant arriver des gens
en pantoufles et en sous-vêtements, tout Westerbork, en un mouvement unanime d'effroi et d'héroïsme, s'est dépouillé jusqu'à sa
dernière chemise. Et l'on a tenté, dans une coopération parfois
admirable avec *l'arrière*, de fournir aux partants le meilleur équipe-
ment possible. Mais quand on songe à tous ceux qui sont allés

presque nus au-devant des rigueurs de l'hiver est-européen, et à cette mince couverture qui était parfois tout ce que nous pouvions leur distribuer dans la nuit, quelques heures avant le départ…

Nous avons vu arriver le prolétariat des grandes villes. Il étalait sa pauvreté et sa crasse dans la nudité des baraques et beaucoup se demandaient, bouche bée : qu'a-t-elle donc fait pour eux, cette fameuse démocratie d'avant-guerre ?

Ghettos et rafles

L'historien Raul Hilberg insiste particulièrement sur l'importance des mesures de regroupement dans le processus d'extermination des Juifs d'Europe. En Pologne, les ghettos sont créés dès 1939. Les Juifs sont contraints de s'y rendre et d'y vivre dans des conditions insoutenables, comme en témoigne Jan Karski, qui travaillait à l'époque pour le gouvernement polonais et visita à ce titre le ghetto de Varsovie : « Ce n'était pas un monde. Ce n'était pas l'Humanité ! » En 1942, les nazis décident de déporter tous les Juifs des ghettos vers Treblinka pour les gazer : cet événement déclenche, en avril 1943, la révolte du ghetto de Varsovie qui résiste héroïquement un mois entier aux Allemands avant de céder.

Pas de ghettos en Europe occidentale, mais des camps de transit, où Juifs et résistants sont regroupés temporairement avant d'être envoyés à l'Est. Compiègne, Drancy ou Beaune-la-Rolande sont ainsi, en France, des antichambres de la mort pour de nombreux déportés. C'est avec l'aide de l'État français, dirigé par le maréchal Pétain, que les nazis parviennent à trouver, identifier, et regrouper les Juifs : la rafle du Vél d'Hiv, opérée par la police française les 16 et 17 juillet 1942, reste l'exemple le plus tristement célèbre de cette collaboration entre le gouvernement de Vichy et les nazis. ■

II. Les camps : paroles de déportés

Entre 1941 et 1944, c'est une véritable industrie de la mort qui se met en place. Regroupements, organisation de convois, sélections, « traitement spécial » – c'est-à-dire mise à mort immédiate au moyen d'un insecticide puissant, le gaz Zyklon B –, récupération de tout ce qui présente la moindre valeur, des bijoux aux cheveux, réutilisés industriellement, incinération des cadavres : on n'ose imaginer qu'il s'agit d'êtres humains. D'où l'immense difficulté pour les rescapés à dire ce qu'ils ont subi. Comment révéler que l'on a, des mois durant, cessé d'appartenir à l'espèce humaine ? Qui le croira ? Qui voudra même l'entendre ? Et quels mots trouver pour restituer une expérience par définition inhumaine ? Rarement se sera posé avec une telle intensité le problème des limites du langage : raconter l'horreur, c'est déjà l'atténuer, l'euphémiser, en gommer les aspects les plus intimes. Mais la taire, n'est-ce pas se condamner à la revivre sans fin ?

Témoigner : Paroles de la Shoah

Martin S.

Martin S. est âgé de 11 ans lors de son transfert du camp de concentration de Skarżysko-Kamienna à celui de Buchenwald.

Je me souviens quand ils nous entassaient dans la voiture, ils voulaient que tout le monde se pousse vers le fond pour mettre plus de personnes. Finalement, les gens ont reculé, mais il n'y avait plus de place. Je me souviens qu'ils nous ont tiré dessus pour faire plus de place et qu'ils ont poussé sans ménagements un autre groupe à l'intérieur. Je me souviens d'un bon pourcentage de personnes qui mouraient. Pendant trois jours, les gens déféquaient par terre. Pendant trois jours, nous n'avons eu ni nourriture ni eau. Je me souviens que la soif était la chose la plus accablante. C'était insupportable – c'est encore quelque chose qui me revient régulièrement à l'esprit, cette soif constante ! Je me souviens, lorsqu'ils nous ont fait descendre des wagons à bestiaux à Buchenwald, qu'il y avait un tuyau avec de l'eau, plusieurs personnes n'ont même pas pu l'atteindre.

Walter S., déporté d'Allemagne

Walter S. (1924-1995) est déporté à Auschwitz où il est contraint de travailler à l'usine de caoutchouc synthétique I.G. Farben.

C'était Auschwitz. C'était incroyable comment ils avaient organisé le tri des gens. Il y avait toujours ces beuglements, les Allemands avec leurs armes. [On nous a demandé] de laisser tout ce que nous possédions à l'intérieur. On le récupérerait plus tard. Nous sommes sortis des wagons de marchandises en un rien de temps. En quelques minutes, pas plus, ils avaient séparé un millier de personnes – les femmes d'un côté, les hommes de l'autre. C'est bien connu, vous voyez. Un côté signifiait la mort, l'autre côté irait peut-être dans le camp de Hitler. Mais on ne savait pas. On ne savait vraiment pas. Ils ont sélectionné trois cents hommes, et nous avons été chargés dans des camions. Comment ils faisaient, ils retenaient ceux qui n'étaient pas trop vieux, mais pas les enfants, ceux qui étaient forts. Nous avons été emmenés à

Auschwitz III, Buna. On y construisait un grand complexe chi-
15 mique où ils voulaient fabriquer du caoutchouc synthétique,
l'usine I.G. Farben.

Aussitôt [nous avons été] conduits dans une salle où on nous a
enlevé tous nos vêtements civils. On nous a rasé les cheveux, tous
les poils du corps. Ça allait si vite, tout, le travail était fait par
20 d'autres prisonniers. Vous voyez, les gardiens attendaient, le sale
boulot était fait par des camarades prisonniers. Nous étions nus,
nous avons pris une douche, puis j'ai eu mon numéro tatoué, c'est
le 117022. C'était supposé être mon nom. Je n'avais plus de nom.
Voilà.

Abraham P., déporté de Roumanie
à Auschwitz-Birkenau

Abraham P. est né en 1922 en Roumanie. Il a été déporté dans
plusieurs camps.

Cet homme est arrivé, le grand SS[1], et il nous a pointés du
doigt. Il nous a mis à l'écart tous les trois, les trois frères,
ensemble. Mon petit frère, il était avec nous. Je lui ai dit à mon
petit frère : *Solly, gey tsu tate un mame.* («Va avec papa et
5 maman.») Et comme un petit enfant, il a obéi. Il l'a fait ! Si
seulement j'avais su que – que je l'envoyais au – au four crématoire. Je – je me sens comme si – je l'avais tué [en pleurs]. Mon
frère qui vit maintenant à New York – il habitait avant en Amérique du Sud – chaque fois que nous nous voyons, il me parle de
10 ça. Il me dit : «Non, c'est moi le responsable parce que je t'avais
dit la même chose ! » Mais ça continue à me tourmenter. Je
repense au moment où il a rejoint ma mère et mon père. Quand
il a été auprès de ma mère et de mon père, il leur a probablement
dit : *Avraham hot gezogt ikh zol geyn mit aykh* («Abraham a dit

---

1. *SS* : voir la note 2, p. 10.

15 que je devais venir avec vous.») Je me demande ce que ma mère
et mon père ont pensé, surtout quand ils ont tous – quand ils
sont tous allés au four crématoire. Je ne peux pas me l'enlever de
la tête. Ça me fait mal, ça me hante, je ne sais pas quoi faire. Je
me sens responsable de ça. Mon frère me dit que je ne suis pas
20 responsable, parce qu'il est aussi responsable que moi, mais ce
n'est pas ça la question – je suppose que je dois vivre avec.

Premiers massacres

Le génocide est l'aboutissement d'un processus idéologique et technique : après avoir chassé les Juifs d'Allemagne, les nazis envahissent l'Europe, aussi bien à l'Ouest qu'à l'Est. Ils se retrouvent donc confrontés à ce paradoxe : plus ils chassent les Juifs, plus ils en trouvent, puisqu'ils contrôlent désormais la plus grande partie de l'Europe. Après avoir envisagé de les déporter vers Madagascar, les dirigeants nazis optent pour la « solution finale du problème juif », jugée moins difficile à appliquer et plus radicale. L'idée des camps de la mort n'apparaît que progressivement : dans un premier temps, Hitler compte sur la malnutrition dans les ghettos pour atteindre son but, ainsi que sur les *Einsatzgruppen*, détachements de soldats qui assassinent à la mitraillette des centaines de milliers de Juifs, principalement en Ukraine, en Biélorussie et dans les pays baltes. Les premiers gazages se font en 1941, à Chełmno, où les victimes sont enfermées dans des camions et asphyxiées par les gaz d'échappement réintroduits dans l'habitacle. Jugé trop lent, ce procédé est remplacé par les chambres à gaz, testées au début de 1942. ∎

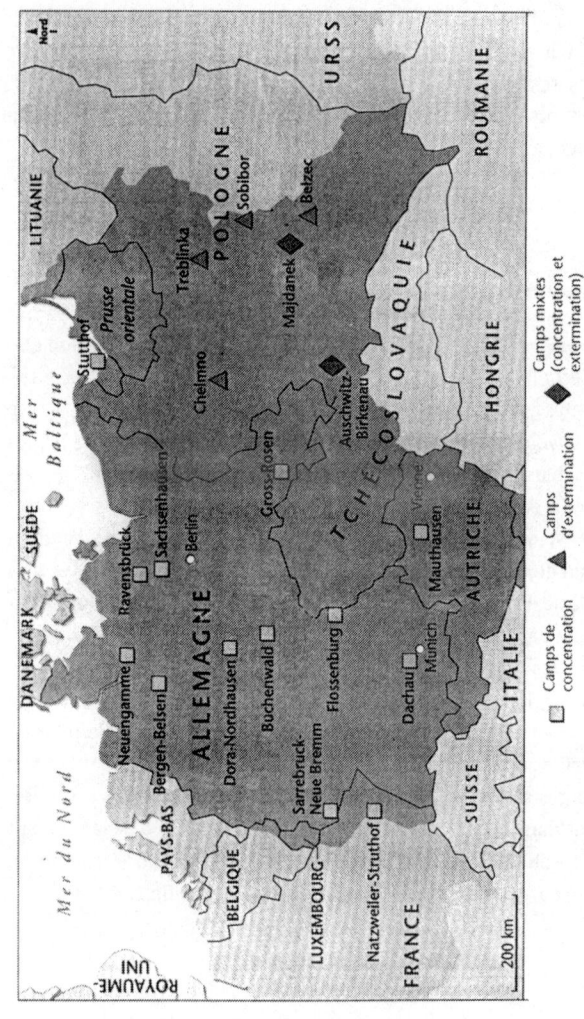

■ Les camps dans le Reich.

■ Claude Lanzmann, *Shoah*

Claude Lanzmann (né en 1925) est le réalisateur de *Shoah* (1985), important documentaire sur la déportation des Juifs d'Europe. Ce film d'une durée de près de dix heures, composé d'interviews de déportés, de témoins et d'anciens officiers SS[1], ne comporte aucune image d'archives.

Parmi les survivants des camps, Rudolf Vrba est l'un des très rares prisonniers à avoir réussi à s'évader d'Auschwitz.

Rudolf Vrba (New York), survivant d'Auschwitz

La rampe était le terminus des trains arrivant à Auschwitz. Ils arrivaient jour et nuit, tantôt un par jour, tantôt cinq, de tous les lieux du monde. J'ai travaillé là du 18 août 1942 au 7 juin 1943. Les trains se succédaient sans fin, j'en ai bien vu deux cents à mon
5 poste sur la rampe : c'était devenu une routine, à force. Sans répit, de partout, les gens arrivaient au même endroit, avec la même ignorance du sort des transports précédents.

Et de cette masse de gens, je savais bien que, deux heures après, 90 % seraient gazés, je savais cela. Je ne comprenais pas
10 que les gens puissent disparaître ainsi…

Et rien ne se passe, et arrive le prochain transport. Et ils ne savent rien du sort du précédent, et cela continue pendant des mois et des mois.

Cela se passait ainsi : par exemple, un train juif était attendu à
15 deux heures du matin. Quand il approchait d'Auschwitz, on l'annonçait aux SS. Un SS nous réveillait, on nous escortait dans la nuit, jusqu'à la rampe… Nous étions environ deux cents hommes. Et tout s'illuminait. Il y avait la rampe, les projecteurs, et sous les projecteurs, alignés, les SS ; tous les mètres, un
20 SS, l'arme au poing. Nous étions au milieu, nous les prisonniers, attendant le train, attendant les ordres.

---

1. *SS* : Voir la note 2, p. 10.

Quand tout était prêt, le convoi arrivait. Il roulait très lentement, la locomotive, qui était toujours en tête, parvenait à la rampe. Et c'était la fin de la ligne, la fin du voyage.

25 Dès l'arrêt du train, l'élite des gangsters se postait ; et devant tous les deux ou trois wagons, parfois devant chaque wagon, un de ces *Unterscharführer* [1] attendait avec une clef et ouvrait les portes, car elles étaient verrouillées.

À l'intérieur, bien sûr, il y avait les gens. Ils regardaient par les
30 lucarnes sans comprendre, après tant d'arrêts – certains étaient en route depuis dix jours –, ce que cet arrêt-là signifiait.

Alors la porte s'ouvrait, et le premier ordre lancé était : « *Alle Heraus !* » Tous dehors, et pour se faire comprendre, ils frappaient avec leurs cannes, le premier, le deuxième, etc.

35 Les Juifs étaient comme des sardines dans ces wagons.

Si quatre, cinq ou six trains arrivaient le même jour, le déchargement se faisait dans l'urgence : ils y allaient à la trique, ils les insultaient.

Mais, par beau temps, ils pouvaient agir autrement, se mon-
40 trer de bonne humeur et faire de l'humour, disant par exemple :
« Bonjour, madame, descendez, je vous prie. »

[C. Lanzmann :] Vraiment ?

Oui, oh ! oui, ou : « Quelle joie, vous êtes ici, pardon pour l'inconfort.

45 Tout va changer maintenant… »

■ Charlotte Delbo, *Aucun de nous ne reviendra*

Charlotte Delbo (1913-1985), poète et auteur dramatique, a été déportée en 1943 à Auschwitz. Elle publie entre 1970 et 1971 une

---

1. *Unterscharführer* : sous-officier de l'armée allemande.

trilogie, *Auschwitz et après*, dont *Aucun de nous ne reviendra* est le premier tome. Mêlant récit et écriture poétique, elle donne à lire des instantanés effrayants sur la déshumanisation engendrée par les camps.

> Vous qui avez pleuré deux mille ans
> un qui a agonisé trois jours et trois nuits
>
> quelles larmes aurez-vous
> pour ceux qui ont agonisé
> 5   beaucoup plus de trois cents nuits et beaucoup plus de trois cents journées
> combien
> pleurerez-vous
> ceux-là qui ont agonisé tant d'agonies
> 10   et ils étaient innombrables
>
> Ils ne croyaient pas à résurrection dans l'éternité
> Et ils savaient que vous ne pleureriez pas.
>
> *
>
> Ô vous qui savez
> saviez-vous que la faim fait briller les yeux que la soif les ternit
> 15   Ô vous qui savez
> saviez-vous qu'on peut voir sa mère morte
> et rester sans larmes
> Ô vous qui savez
> saviez-vous que le matin on veut mourir
> 20   que le soir on a peur
> Ô vous qui savez
> saviez-vous qu'un jour est plus qu'une année
> une minute plus qu'une vie
> Ô vous qui savez
> 25   saviez-vous que les jambes sont plus vulnérables que les yeux
> les nerfs plus durs que les os

le cœur plus solide que l'acier
Saviez-vous que les pierres du chemin ne pleurent pas
qu'il n'y a qu'un mot pour l'épouvante
30   qu'un mot pour l'angoisse
Saviez-vous que la souffrance n'a pas de limite
l'horreur pas de frontière
Le saviez-vous
Vous qui savez.

*

35   Ma mère
C'était des mains un visage
Ils ont mis nos mères nues devant nous

Ici les mères ne sont plus mères à leurs enfants.

■ Robert Antelme, *L'Espèce humaine*

Robert Antelme (1917-1990) est déporté pour des raisons politiques à Buchenwald, puis envoyé en kommando de travail à Gandersheim. Son témoignage, *L'Espèce humaine*, est écrit dès 1947. Il y décrit le processus de déshumanisation mis en place par les SS et relayé par la hiérarchie des prisonniers de droit commun.

Lorsque nous sommes arrivés à Gandersheim, les kapos [1] portaient encore le rayé. Ils étaient nos chefs mais ils ne s'étaient pas encore complètement dégagés de notre masse.
Pour ces droit-commun allemands, la qualité de kapo – qui
5   pour un politique devait surtout comporter des responsabilités à l'égard des camarades détenus, dans le même sens où pour Gilbert la qualité d'interprète en comportait – n'était que le moyen de

---

1. *Kapos* : voir la note 1, p. 10.

quitter le rayé, de puiser à volonté dans les rations des détenus, de devenir eux-mêmes, au camp, des hommes d'une nature différente
10 de celle des détenus, d'acquérir, grâce à la confiance absolue des SS, le pouvoir absolu. Il fallait pour cela qu'il y eût une cassure entre eux et nous. Les coups devaient faire cette cassure.

Mais il était plus facile, pour commencer, de cogner sur la masse que sur quelques types pris à part. La séance de distribu-
15 tion du pain devait fournir cette occasion aux kapos.

Chaque matin à cinq heures moins le quart, nous étions cinq cents à nous écraser dehors, dans la petite cour de l'église, en attendant la distribution du pain. Dans cet espace minuscule, Français, Russes, Italiens, nous nous bousculions, nous piéti-
20 nions, et notre masse s'écrasait tantôt sur les barbelés, tantôt sur la cloison de la cuisine. Sous la neige ou sous la pluie, cela durait trois quarts d'heure dans une rumeur de foule qui tombait lorsque la sentinelle derrière le barbelé dirigeait vers nous sa mitraillette ou que le kapo arrivait avec sa matraque de caoutchouc durci.

25 Au lieu de cela, un camarade, par groupe de dix, aurait très bien pu aller chercher le pain. Il y aurait eu cinquante types dehors au lieu de cinq cents. C'est ce que nous avions fait demander au *Lagerältester*[1] et aux kapos. Mais le *Lagerältester* s'en désintéressait. Et à ces kapos, il leur fallait cela. Il fallait qu'il y eût du
30 désordre, au besoin provoqué, pour que le kapo fût nécessaire. Et quand le kapo *rétablissait l'ordre* il se superposait à cette masse, il la dominait, il était un autre homme que chacun de ceux qu'il schlaguait[2]. Il était juste alors qu'il mange différemment, qu'il soit habillé différemment, qu'il soit différemment considéré par
35 les SS et lentement *réhabilité* par eux.

Ce n'était pas parce que la discipline était troublée que nos kapos frappaient. Nos kapos faisaient tout, au contraire, pour compromettre une discipline – que nous étions les premiers à

---

1. *Lagerältester* : dans la hiérarchie des camps, détenu auquel obéissent les kapos.
2. *Schlaguait* : frappait (de l'allemand *schlagen*).

vouloir imposer – qui aurait supprimé leur raison d'être, ou en
40 tout cas ne leur aurait pas permis d'être les demi-dieux du kommando. Il fallait avant tout qu'ils frappent pour vivre et avoir la
situation qu'ils voulaient occuper. Il fallait que nous soyons tota-
lement méprisables. C'était vital pour eux. Ainsi toute proposi-
tion d'organisation avait été systématiquement repoussée par le
45 lagerältester et eux, parce qu'il fallait réduire en nous toute
volonté d'organisation collective, il fallait nous dégrader. Après
cela, le mépris et les coups pouvaient régner.

Nous étions donc complètement isolés. Gilbert était le seul
politique à pouvoir aider les copains, mais il ne pouvait le faire
50 que dans le cadre de l'usine, dans les rapports avec les meister, et
cela d'ailleurs ne devait pas durer.

Ainsi ce qui était possible dans les camps où l'appareil était
tenu par les détenus politiques ne devait pas l'être ici.

Il allait être impossible de faire manger un peu plus les cama-
55 rades qui faiblissaient trop vite. Impossible de planquer ceux qui
étaient affectés à des travaux trop durs. Impossible d'user du
revier [1] et des *Schonungen* [2] comme cela se faisait dans d'autres
camps. Seule, entre nous, une organisation de la solidarité eût été
possible qui toutefois n'eût permis de planquer personne sauf des
60 exceptions très momentanées. Mais l'oppression et la misère
étaient telles que la solidarité entre tous les politiques se trouvait
elle-même compromise. Elle existait entre des groupes de trois,
quatre copains. Mais, pour organiser, pour penser, il faut encore
avoir de la force et du temps. Or là, tous nous travaillions de six
65 heures du matin à six heures du soir. Dans ce kommando
composé surtout de Français, de Russes, d'Italiens et de Polonais, l'organisation d'une solidarité internationale n'eût été à
plus forte raison possible qu'appuyée sur un centre de quelques
politiques disposant de pouvoirs dans le camp. Mais les

---

1. ***Revier*** : infirmerie militaire.
2. ***Schonungen*** : repos au block en cas de maladie légère.

70 politiques n'avaient pas de pouvoirs. Il en résultait un repli de chacun sur sa nationalité, les plus favorisés étant les Polonais qui parlaient presque tous l'allemand et avaient déjà une longue habitude des camps et qui, jusqu'à l'offensive russe du mois de février, recevaient des colis.

75 Les Français étaient les plus haïs, ceux qui recevaient le plus de coups et, avec les Italiens, les moins robustes. Mais ce n'était pas assez. Le groupe français comprenait une vingtaine de droit-commun bien placés auprès de la direction du kommando. En effet, ce qui ne pouvait en aucun cas s'obtenir auprès des kapos ou du 80 *Lagerältester* par la revendication pouvait s'obtenir par le trafic, le léchage, le marchandage et par une sorte de solidarité entre *hommes,* qui pouvait d'ailleurs immédiatement se muer en haine féroce, puis de nouveau en complicité. C'était le domaine des droit-commun.

En dépit de cet ensemble de conditions, nous avions essayé de 85 nous grouper autour de Gilbert. Des noyaux avaient été formés : renseignements, liaisons, action. Seuls quelques responsables étaient informés du rôle qu'ils auraient à tenir. Ce regroupement avait un double but : d'abord tenter d'assurer la sécurité des politiques qui pouvaient, à l'occasion de bagarres, être menacés par 90 les droit-commun ; surtout, suivre de près la marche de la guerre et essayer de se préparer à une action au moment de l'approche des Alliés.

Mais cette tentative, elle aussi, devait échouer. L'opposition conjuguée du *Lagerältester* et des kapos était trop forte, la misère 95 du corps aussi.

Gilbert était repéré. Nous ne pouvions pas avoir de renseignements précis sur la guerre. Et surtout, plus tard, quand l'approche des Alliés allait poser la question de l'évacuation, nous ne devions obtenir aucune information sur les projets des SS et des kapos à 100 notre égard. Traqués sans cesse, fouillés régulièrement, mouchardés du dedans par le *Stubendienst* [1] Et..., qui avait révélé au

---

1. *Stubendienst* : chef de chambrée.

Lagerältester l'existence parmi nous de cartes de l'Allemagne, nous ne *débouchions* sur rien.

105 Ceux qui s'évanouissaient de faiblesse à l'usine, ou dont les jambes se gonflaient d'œdème, ceux qui ne pouvaient même plus courir et qui rentraient le soir après douze heures de travail avec le morceau de pain du matin dans le ventre ne pouvaient pas exiger d'eux-mêmes beaucoup plus.

L'oppression totale, la misère totale risquent de rejeter chacun 110 dans une quasi-solitude. La conscience de classe, l'esprit de solidarité sont encore l'expression d'une certaine santé qui reste aux opprimés. En dépit de quelques réveils, la conscience des détenus politiques avait bien des chances de devenir ici une conscience solitaire.

115 Mais quoique solitaire, la résistance de cette conscience se poursuivait. Privé du corps des autres, privé progressivement du sien, chacun avait encore de la vie à défendre et à vouloir.

© Éditions Gallimard.

Le vocabulaire des camps

Les camps, appelés aussi *Lager* ou KZ (abréviation de l'allemand *Konzentrazionslager*), sont des endroits très hiérarchisés. Au sommet de la pyramide, les SS, qui font régner la terreur grâce à leurs armes. Ils sont relayés par des détenus de droit commun, les kapos, qui font souvent preuve de férocité envers les autres prisonniers, notamment les politiques, afin d'être bien vus de leurs maîtres. Enfin, tout au bas de la hiérarchie, les Juifs ayant survécu aux sélections. Certains d'entre eux font partie des *Sonderkommandos*, dont la tâche terrible est d'enlever les cadavres des chambres à gaz et de les incinérer dans les crématoires. Quant aux biens des victimes (nourriture, bijoux...), ils sont entreposés au « Canada », vaste dépôt dont les richesses servent à entretenir un marché noir dont bénéficient kapos et soldats allemands.

Parmi les détenus, beaucoup ne supportent pas la famine et les maladies et se laissent mourir : on les surnomme les « musulmans ». Conduits au « revier », c'est-à-dire à l'infirmerie, ils n'y séjournent que peu de temps avant d'être à leur tour gazés. ∎

∎ Claude Lanzmann, *Shoah*

Rudolf Vrba

Auschwitz-Birkenau n'était pas seulement un camp d'extermination, c'était aussi un camp de concentration classique, qui avait sa loi interne, comme Mauthausen, Buchenwald, Dachau et Sachsenhausen.

5 Mais si, à Mauthausen, le produit numéro un du travail esclave était la pierre, extraite d'une carrière, ce produit à Auschwitz était la Mort.

Tout concourait à la marche du crématoire. C'était le but : les détenus construisaient les crématoires, les routes qui y menaient,
10 leurs propres baraques.

Mais Auschwitz était aussi un camp de concentration classique car les usines Krupp et Siemens s'étaient installées en partie à l'intérieur du camp et utilisaient la main-d'œuvre esclave.

Par tradition, les camps de concentration comptaient de nom-
15 breux prisonniers politiques : syndicalistes, sociaux-démocrates, communistes, anciens combattants de la guerre d'Espagne.

Une chose très singulière se produisit : la Direction de la Résistance à Auschwitz était tout entière aux mains d'antinazis germanophones, allemands de naissance, considérés comme
20 racialement purs par la hiérarchie nazie. Ils étaient mieux traités que les autres détenus. Pas avec des gants, certes ! Mais à la longue, ils réussirent à prendre de l'ascendant sur certains

dignitaires SS : le résultat fut une amélioration systématique des conditions de vie à l'intérieur du camp de concentration lui-même.

Alors qu'en 1943… 1942, en décembre et janvier, à Birkenau, un total de quatre cents morts par jour était habituel, en mai 1943, moins grâce à la clémence du temps qu'à l'activité de la Résistance, le progrès fut si sensible que la mortalité décrut drastiquement dans le camp de concentration. Pour eux, ce fut une grande victoire.

Mais l'amélioration des conditions de vie dans le camp de concentration n'allait peut-être pas à l'encontre de la politique des plus haut gradés de la SS tant qu'elle n'interférait pas avec l'objectif du camp – c'est-à-dire la production de mort sur les arrivants.

En règle générale, ceux, parmi eux, qui étaient aptes au travail – bonne santé, pas trop vieux, pas trop jeunes, ni enfants, ni femmes avec enfants –, ceux-là allaient au camp de concentration, en tant que force fraîche, pour y remplacer les mourants.

Et j'ai été témoin de la scène suivante : un transport venait d'arriver… de Hollande ou de Belgique, je ne sais plus exactement, et le médecin SS choisissait quelques Juifs à l'allure saine, parmi les membres de ce transport destiné à être gazé, et qui le fut. Mais le SS délégué du camp de concentration les refusa. Une discussion commença alors et j'entendis le médecin dire : « Pourquoi ne les prends-tu pas ? Ce sont des Juifs grassement nourris de fromage de Hollande, ils sont parfaits pour le camp. » Et le *Hauptscharführer* [1] Fries répondit : « Je ne peux pas les prendre car aujourd'hui, ils ne crèvent pas assez vite au camp. » Il voulait dire ceci : Si les besoins du camp étaient, disons, de trente mille prisonniers, et si cinq mille mouraient, ils étaient remplacés par une force neuve, prélevée sur les transports juifs. Et si mille seulement mouraient, mille étaient remplacés. Et un plus grand nombre était gazé.

---

1. *Hauptscharführer* : officier de l'armée allemande.

Donc, l'amélioration des conditions de vie au sein du camp de
55 concentration élevait le taux de mortalité dans les chambres à gaz.
Elle le faisait décroître parmi les détenus du camp.

Je compris alors que l'amélioration de la situation dans le
camp de concentration ne freinait en rien le processus d'exécution de masse.

60 En conséquence, mon idée du mouvement de Résistance et de
sa finalité était celle-ci : l'amélioration n'est qu'une première étape,
le mouvement de Résistance a pleinement conscience que l'objectif essentiel est de stopper le processus d'extermination, la machinerie de meurtre.

65 Et donc l'heure est à l'organisation, au regroupement de forces
afin d'attaquer les SS de l'intérieur, même s'il s'agit d'une mission
suicide, il faut détruire la machinerie !

Et à cet égard, je considérais l'objectif comme raisonnable et
pleinement justifié. Mais je savais aussi que tout cela ne peut être
70 accompli en un jour, sans préparatifs ni circonstances favorables.

N'étant qu'un rouage dans la Résistance, je ne pouvais ni les
connaître, ni en décider, Mais il m'était évident que la finalité de
toute action de résistance dans un camp de concentration comme
Auschwitz ne pouvait être la même qu'à Mauthausen et à
75 Dachau. Car tandis que dans ces deux camps la politique de la
Résistance permettait la survie des prisonniers politiques, à
Auschwitz, cette même noble politique perfectionnait et huilait la
machinerie d'annihilation de masse.

© Librairie Arthème Fayard, 1985.

■ Primo Levi, *Si c'est un homme*

Primo Levi (1919-1987), chimiste et écrivain italien, écrit en 1947
Si c'est un homme (voir la présentation). S'appuyant sur le succès
mondial de ce livre, il donne de nombreuses conférences afin de
transmettre aux jeunes générations la mémoire de la Shoah. Son

suicide en 1987 soulève la question des blessures psychologiques incurables occasionnées par la déportation.

Dans l'extrait qui suit, Primo Levi raconte son arrivée à Auschwitz : après l'épouvante d'un voyage interminable et la sélection « en moins de dix minutes » entre les prisonniers aptes à travailler et ceux qui sont immédiatement gazés, Levi et ses compagnons sont emmenés dans une pièce et attendent...

L'Allemand s'en va, et nous nous taisons tout en ayant un peu honte de nous taire. Il faisait encore nuit, nous nous demandions si l'aube arriverait jamais. De nouveau la porte s'ouvre, cette fois sur un uniforme rayé. L'homme est différent des autres, plus âgé 5 et beaucoup moins corpulent, avec des lunettes et une expression plus amène. Il nous parle, et en italien.

Désormais nous sommes à bout de surprises. Il nous semble assister à quelque drame extravagant, un de ces drames où défilent sur scène les sorcières, l'Esprit Saint et le démon. L'homme parle 10 assez mal l'italien, avec un fort accent étranger. Il nous fait un long discours, puis s'efforce très aimablement de répondre à toutes nos questions.

Nous sommes à Monowitz, près d'Auschwitz, en Haute-Silésie : une région habitée à la fois par les Allemands et les Polo-15 nais. Ce camp est un camp de travail, en allemand *Arbeitslager* ; tous les prisonniers (qui sont environ dix mille) travaillent dans une usine de caoutchouc qui s'appelle la Buna, et qui a donné son nom au camp.

On va nous donner d'autres chaussures et d'autres habits ; non, 20 pas les nôtres ; d'autres chaussures, d'autres habits, comme les siens. Pour le moment nous sommes nus parce que nous attendons la douche et la désinfection, qui auront lieu tout de suite après le réveil, parce qu'on n'entre pas au camp si on ne passe pas à la désinfection.

25 Bien sûr, il faudra travailler. Ici tout le monde travaille. Mais il y a travail et travail : lui par exemple, il est médecin de

profession, il est hongrois mais a fait ses études de médecine en Italie ; et maintenant c'est le dentiste du *Lager*[1]. Ça fait quatre ans qu'il est au *Lager* (pas à la Buna : la Buna n'existe que depuis un an et demi), et pourtant, comme on peut voir, il se porte bien, il n'est pas trop maigre. Pourquoi est-il au *Lager* ? Est-ce qu'il est juif comme nous ? « Non, dit-il avec simplicité, moi je suis un criminel. »

Nous le harcelons de questions, lui rit de temps en temps, répond à certaines et pas à d'autres ; on voit bien qu'il évite certains sujets. Il ne parle pas des femmes : il nous dit seulement qu'elles vont bien, que nous les reverrons bientôt, mais il ne dit ni où ni comment. Par contre il nous raconte autre chose, des histoires bizarres et extravagantes, peut-être se moque-t-il de nous lui aussi. Ou peut-être qu'il est fou : au *Lager* on devient fou. Il dit que tous les dimanches, il y a des concerts et des matchs de football. Il dit que si on est fort en boxe on peut devenir cuisinier. Il dit que si on travaille bien, on reçoit des bons-primes et qu'avec ça on peut s'acheter du tabac et du savon. Il dit que c'est vrai que l'eau n'est pas potable, que par contre on a droit tous les jours à un ersatz[2] de café mais que généralement personne n'en prend, la soupe qu'on nous donne étant suffisamment liquide pour apaiser la soif. Nous le pressons de nous procurer quelque chose à boire, mais il répond qu'il ne peut pas, qu'il est venu nous voir en cachette, que c'est interdit par les SS parce que nous ne sommes pas encore désinfectés, et qu'il doit repartir tout de suite. S'il est venu, c'est parce que les Italiens lui sont sympathiques, et aussi – ajoute-t-il – parce qu'« il a un peu de cœur ». Nous lui demandons encore s'il y a d'autres Italiens au camp ; il répond qu'il y en a quelques-uns, pas beaucoup, il ne sait pas exactement, et il détourne aussitôt la conversation. À ce moment-là une cloche retentit, et il nous quitte brusquement, nous laissant effarés et interdits. Si certains se

---

1. *Lager* : camp (en allemand).
2. *Ersatz* : produit de remplacement de mauvaise qualité.

sentent réconfortés, pas moi ; je continue à penser en moi-même
que ce dentiste, cet individu incompréhensible, a voulu lui aussi
60 nous jouer un mauvais tour, et je me refuse à croire un mot de ce
qu'il a dit.

Au signal de la cloche, on a entendu la rumeur du camp qui
s'éveille dans l'obscurité. D'un seul coup, l'eau jaillit des
conduites, bouillante : cinq minutes de béatitude. Mais aussitôt
65 après quatre hommes (les barbiers de tout à l'heure, peut-être)
font irruption et, tout trempés et fumants, nous poussent à grand
renfort de coups et de hurlements dans la pièce glacée qui se
trouve à côté ; là, d'autres individus vociférants nous jettent à la
volée des nippes indéfinissables et nous flanquent entre les mains
70 une paire de godillots à semelle de bois ; en moins de temps qu'il
n'en faut pour comprendre, nous nous retrouvons dehors dans la
neige bleue et glacée de l'aube, trousseau en main, obligés de
courir nus et déchaussés jusqu'à une autre baraque, à cent mètres
de là. Et là enfin, on nous permet de nous habiller.

75 Cette opération terminée, chacun est resté dans son coin, sans
oser lever les yeux sur les autres. Il n'y a pas de miroir, mais notre
image est devant nous, reflétée par cent visages livides, cent pan-
tins misérables et sordides. Nous voici transformés en ces mêmes
fantômes entrevus hier au soir.

80 Alors, pour la première fois, nous nous apercevons que notre
langue manque de mots pour exprimer cette insulte : la démolition
d'un homme. En un instant, dans une intuition quasi prophétique,
la réalité nous apparaît : nous avons touché le fond. Il est impossible d'aller plus bas : il n'existe pas, il n'est pas possible de conce-
85 voir condition humaine plus misérable que la nôtre. Plus rien ne
nous appartient : ils nous ont pris nos vêtements, nos chaussures,
et même nos cheveux ; si nous parlons, ils ne nous écouteront pas,
et même s'ils nous écoutaient, ils ne nous comprendraient pas. Ils
nous enlèveront jusqu'à notre nom : et si nous voulons le conser-
90 ver, nous devrons trouver en nous la force nécessaire pour que

derrière ce nom, quelque chose de nous, de ce que nous étions, subsiste.

Nous savons, en disant cela, que nous serons difficilement compris, et il est bon qu'il en soit ainsi. Mais que chacun considère
95 en soi-même toute la valeur, toute la signification qui s'attache à la plus anodine de nos habitudes quotidiennes, aux mille petites choses qui nous appartiennent et que même le plus humble des mendiants possède : un mouchoir, une vieille lettre, la photographie d'un être cher. Ces choses-là font partie de nous presque
100 autant que les membres de notre corps, et il n'est pas concevable en ce monde d'en être privé, qu'aussitôt nous ne trouvions à les remplacer par d'autres objets, d'autres parties de nous-mêmes qui veillent sur nos souvenirs et les font revivre.

Qu'on imagine maintenant un homme privé non seulement
105 des êtres qu'il aime, mais de sa maison, de ses habitudes, de ses vêtements, de tout enfin, littéralement de tout ce qu'il possède : ce sera un homme vide, réduit à la souffrance et au besoin, dénué de tout discernement, oublieux de toute dignité : car il n'est pas rare, quand on a tout perdu, de se perdre soi-même ; ce sera un
110 homme dont on pourra décider de la vie ou de la mort le cœur léger, sans aucune considération d'ordre humain, si ce n'est, tout au plus, le critère d'utilité. On comprendra alors le double sens du terme « camp d'extermination » et ce que nous entendons par l'expression « toucher le fond ».

© Éditions Robert Laffont, 1996.

■ Robert Antelme, *L'Espèce humaine*

La nature qu'il contemple, les animaux et les végétaux, inspirent ici à Robert Antelme une réflexion sur l'« espèce humaine », sur son irréductible unité et sur le combat perdu que mènent les SS, qui peuvent sans doute mener leurs prisonniers à la mort, mais pas les « déshumaniser ».

Dehors, la vallée est noire. Aucun bruit n'en arrive. Les chiens dorment d'un sommeil sain et repu. Les arbres respirent calmement. Les insectes nocturnes se nourrissent dans les prés. Les feuilles transpirent, et l'air se gorge d'eau. Les prés se couvrent de rosée et brilleront tout à l'heure au soleil. Ils sont là, tout près, on doit pouvoir les toucher, caresser cet immense pelage. Qu'est-ce qui se caresse et comment caresse-t-on ? Qu'est-ce qui est doux aux doigts, qu'est-ce qui est seulement à être caressé ?

Jamais on n'aura été aussi sensible à la santé de la nature. Jamais on n'aura été aussi près de confondre avec la toute-puissance l'arbre qui sera sûrement encore vivant demain. On a oublié tout ce qui meurt et qui pourrit dans cette nuit forte, et les bêtes malades et seules. La mort a été chassée par nous des choses de la nature, parce que l'on n'y voit aucun génie qui s'exerce contre elles et les poursuive. Nous nous sentons comme ayant pompé tout pourrissement possible. Ce qui est dans cette salle apparaît comme la maladie extraordinaire, et notre mort ici comme la seule véritable. Si ressemblants aux bêtes, toute bête nous est devenue somptueuse ; si semblables à toute plante pourrissante, le destin de cette plante nous paraît aussi luxueux que celui qui s'achève par la mort dans le lit. Nous sommes au point de ressembler à tout ce qui ne se bat que pour manger et meurt de ne pas manger, au point de nous niveler sur une autre espèce, qui ne sera jamais nôtre et vers laquelle on tend ; mais celle-ci qui vit du moins selon sa loi authentique – les bêtes ne peuvent pas devenir plus bêtes – apparaît aussi somptueuse que la nôtre « véritable », dont la loi peut être aussi de nous conduire ici. Mais il n'y a pas d'ambiguïté, nous restons des hommes, nous ne finirons qu'en hommes. La distance qui nous sépare d'une autre espèce reste intacte, elle n'est pas historique. C'est un rêve SS de croire que nous avons pour mission historique de changer d'espèce, et comme cette mutation se fait trop lentement, ils tuent. Non, cette maladie extraordinaire n'est autre chose qu'un moment culminant de l'histoire des hommes. Et cela peut signifier deux choses :

35 d'abord que l'on fait l'épreuve de la solidité de cette espèce, de sa fixité. Ensuite, que la variété des rapports entre les hommes, leur couleur, leurs coutumes, leur formation en classes masquent une vérité qui apparaît ici éclatante, au bord de la nature, à l'approche de nos limites : il n'y a pas des espèces humaines, il y a une espèce
40 humaine. C'est parce que nous sommes des hommes comme eux que les SS seront en définitive impuissants devant nous. C'est parce qu'ils auront tenté de mettre en cause l'unité de cette espèce qu'ils seront finalement écrasés. Mais leur comportement et notre situation ne sont que le grossissement, la caricature extrême – où
45 personne ne veut, ni ne peut sans doute se reconnaître – de comportements, de situations qui sont dans le monde et qui sont même cet ancien « monde véritable » auquel nous rêvons. Tout se passe effectivement là-bas comme s'il y avait des espèces – ou plus exactement comme si l'appartenance à l'espèce n'était pas sûre,
50 comme si l'on pouvait y entrer et en sortir, n'y être qu'à demi ou y parvenir pleinement, ou n'y jamais parvenir même au prix de générations –, la division en races ou en classes étant le canon de l'espèce et entretenant l'axiome toujours prêt, la ligne ultime de défense : « Ce ne sont pas des gens comme nous. »

55 Eh bien, ici, la bête est luxueuse, l'arbre est la divinité et nous ne pouvons devenir ni la bête ni l'arbre. Nous ne pouvons pas et les SS ne peuvent pas nous y faire aboutir. Et c'est au moment où le masque a emprunté la figure la plus hideuse, au moment où il va devenir notre figure, qu'il tombe. Et si nous pensons alors cette
60 chose qui, d'ici, est certainement la chose la plus considérable que l'on puisse penser : « Les SS ne sont que des hommes comme nous » ; si, entre les SS et nous – c'est-à-dire dans le moment le plus fort de distance entre les êtres, dans le moment où la limite de l'asservissement des uns et la limite de la puissance des autres
65 semblent devoir se figer dans un rapport surnaturel – nous ne pouvons apercevoir aucune différence substantielle en face de la nature et en face de la mort, nous sommes obligés de dire qu'il n'y a qu'une espèce humaine. Que tout ce qui masque cette unité dans

le monde, tout ce qui place les êtres dans la situation d'exploités,
70 d'asservis et impliquerait par là même, l'existence de variétés
d'espèces, est faux et fou ; et que nous en tenons ici la preuve, et
la plus irréfutable preuve, puisque la pire victime ne peut faire
autrement que de constater que, dans son pire exercice, la puissance du bourreau ne peut être autre qu'une de celles de l'homme :
75 la puissance de meurtre. Il peut tuer un homme, mais il ne peut
pas le changer en autre chose.

III. Après la Shoah

Les textes qui suivent ont un point commun : ils ont tous été écrits par des auteurs qui n'ont pas connu la déportation, qu'ils aient été témoins contemporains des faits ou plus jeunes. Le regard qu'ils portent sur la Shoah permet à divers degrés de mesurer la portée de l'événement et la culpabilité qu'il a engendrée : culpabilité d'appartenir à la nation des bourreaux pour Horst Krüger, d'avoir assisté en témoins impuissants aux horreurs pour Calet et Aragon, d'être nés trop tard pour Ferrat et Spiegelman. Transmettre le message, bâtir un tombeau de mots pour ceux dont le corps n'a pas reçu de sépulture, être les porte-parole de l'humanité qui savait et n'a pas su réagir assez vite : telles sont les missions que se donnent ceux qui ont côtoyé l'horreur sans en être directement victimes.

■ Art Spiegelman, *Maus*

Né en 1948 à Stockholm, Art Spiegelman vit aux États-Unis où il est un auteur de bandes dessinées reconnu. C'est en tant que fils de déportés qu'il entreprend *Maus* (en allemand : « souris », animal par lequel il représente les Juifs, alors que les Allemands sont des chats). *Maus* est une transposition de sa propre histoire : un auteur de BD américain, Art, interroge son père, Vladek, sur sa déportation à Auschwitz afin d'en faire une bande dessinée.

Dans les planches ci-après, Art parle des difficultés de son projet à son amie Françoise.

SI RICHIEU ÉTAIT ENCORE EN VIE, JE ME DEMANDE COMMENT ON S'ENTENDRAIT.

TON FRÈRE?

MON FRÈRE **FANTÔME**, PUISQU'IL A ÉTÉ TUÉ AVANT MA NAISSANCE, À L'ÂGE DE CINQ OU SIX ANS.

APRÈS LA GUERRE, MES PARENTS ONT MENÉ UNE INLASSABLE ENQUÊTE ET VISITÉ TOUS LES ORPHELINATS D'EUROPE. ILS NE POUVAIENT PAS CROIRE À SA MORT.

ENFANT, JE NE PENSAIS PAS BEAUCOUP À LUI, IL ÉTAIT SURTOUT UNE GRANDE PHOTO FLOUE ACCROCHÉE DANS LA CHAMBRE DE MES PARENTS.

HMM HMM. JE PENSAIS QUE C'ÉTAIT UN PORTRAIT DE **TOI** BIEN QU'IL NE **TE** RESSEMBLE PAS.

JUSTEMENT. NUL BESOIN D'AVOIR UNE PHOTO DE MOI DANS LEUR CHAMBRE... J'ÉTAIS EN VIE...

LA PHOTO N'A JAMAIS FAIT DE CAPRICES NI POSÉ LE MOINDRE PROBLÈME... C'ÉTAIT L'ENFANT MODÈLE ET MOI LE CASSE-PIEDS. C'ÉTAIT PERDU D'AVANCE.

ILS NE PARLAIENT **PAS** DE RICHIEU MAIS CETTE PHOTO ÉTAIT COMME UN REPROCHE, IL SERAIT DEVENU **MÉDECIN** ET AURAIT FAIT UN BEAU MARIAGE AVEC UNE JUIVE... L'ORDURE...

MAIS AU MOINS ON AURAIT PU LE LAISSER **LUI** S'OCCUPER DE VLADEK. ...C'EST ÉTRANGE D'ÊTRE LE RIVAL D'UN INSTANTANÉ!

JE NE ME SUIS JAMAIS SENTI **COUPABLE** À PROPOS DE RICHIEU MAIS JE FAISAIS DES CAUCHEMARS OÙ DES S.S. ARRIVAIENT DANS MA CLASSE ET EMBARQUAIENT TOUS LES ENFANTS JUIFS.

COMPRENDS-MOI BIEN, CE N'EST PAS DU TOUT QUE ÇA M'OBSÉDAIT...

SIMPLEMENT DES FOIS, DANS LA DOUCHE, J'IMAGINAIS QUE DU ZYKLON B ALLAIT SORTIR PLUTÔT QUE DE L'EAU.

JE SAIS QUE C'EST DÉMENT, MAIS D'UNE CERTAINE MANIÈRE JE VOUDRAIS AVOIR ÉTÉ À AUSCHWITZ **AVEC** MES PARENTS ; COMME ÇA JE POURRAIS VRAIMENT SAVOIR CE QU'ILS ONT VÉCU !...

...JE DOIS ME SENTIR COUPABLE QUELQUE PART D'AVOIR EU UNE VIE PLUS FACILE QU'EUX.

SOUPIR

JE ME SENS TELLEMENT INCAPABLE DE RECONSTRUIRE UNE RÉALITÉ QUI A ÉTÉ PIRE QUE MES CAUCHEMARS LES PLUS NOIRS.

ET EN PLUS, SOUS FORME DE **B.D.** ! JE ME SUIS EMBARQUÉ DANS UN TRUC QUI ME DÉPASSE. PEUT-ÊTRE QUE JE DEVRAIS TOUT LAISSER TOMBER.

IL Y A TANT DE CHOSES QUE JE N'ARRIVERAI JAMAIS À COMPRENDRE OU À VISUALISER. J'VEUX DIRE LA RÉALITÉ EST BIEN TROP COMPLEXE POUR UNE B.D... IL FAUT TELLEMENT SIMPLIFIER OU DÉFORMER.

MAIS TANT QUE TU RESTES SINCÈRE, CHÉRI...

TIENS, TU VOIS... DANS LA RÉALITÉ, TU NE M'AURAIS **JAMAIS** LAISSÉ PARLER SI LONGTEMPS SANS M'INTERROMPRE.

MM. ALLUME-MOI UNE CIGARETTE.

■ Henri Calet, « Madame de Ravensbrück », *Contre l'oubli*

Journaliste et romancier, Henri Calet (1904-1956) a consacré plusieurs articles au retour des déportés. Alors que l'atmosphère était à la liesse de la victoire, Calet comprend très vite qu'il existe un risque de voir occulter les souffrances de ceux qui furent peut-être les principales victimes de la guerre.

« Madame de Ravensbrück » est paru le 3 mai 1945 dans le magazine *La Femme*. Avec d'autres articles, il a été réuni dans un recueil intitulé *Contre l'oubli*.

Madame de Ravensbrück

On parle d'eux, des absents, pendant qu'ils reviennent tous les jours et toujours plus nombreux ; on se demande s'ils vont pouvoir rentrer dans leur vie ; on imagine des drames de toutes sortes. N'ont-ils pas oublié leur langage de mari et de femme, chacun de
5 leur côté ? Vont-ils se reconnaître ? Ne seront-ils pas l'un devant l'autre tels deux étrangers ? Et l'on se tourmente sans rien pouvoir faire.

Des histoires de retour, il y en a déjà beaucoup qui circulent. On peut en entendre partout. Chaque queue a la sienne, chaque
10 rue, chaque maison presque… J'en connais une. C'est l'histoire d'une absente, libérée d'Allemagne, de Ravensbrück. Il y a quinze jours qu'elle se trouve ici, à Paris. Elle ne veut pas encore retourner chez elle, dans la ville de province où son mari, un médecin, l'attend.

15 Une très belle histoire, plus belle même qu'un conte, invraisemblable tout autant. Il me faudra des mots très doux, des mots neufs, pour la bien raconter. On se sent un peu dérouté devant la grandeur, la beauté ; on en a perdu l'habitude.

Elle a été déportée en décembre 1943. Décembre 43, avril 45 :
20 dix-huit mois environ. Elle était agent de liaison dans un corps franc. Mais dix-huit mois d'Allemagne, de Ravensbrück, qui valent

dix-huit ans. Elle avait trente-deux ans ; elle en a plus de cinquante aujourd'hui. Elle était jolie et blonde ; elle est vieille, sans couleur, ils ont rasé ses cheveux.

25 Cette femme n'a plus que ses yeux bleus d'avant, et encore ils sont comme battus par toutes les tempêtes, encore égarés du côté des horreurs de la Poméranie.

Femmes-forçats, vêtues d'une seule blouse, presque nues, femmes sans linge, bagnardes à matricule, à trois sur une pail-
30 lasse de ces lits à trois étages, neuf femmes les unes au-dessus des autres, milliers de femmes dans le froid ou la chaleur, l'ordure, la faim, la puanteur, la honte. On est loin des gravures de mode, du petit courrier des lectrices, des petits soucis féminins ; on est très près des bêtes.

35 En Allemagne, cette femme a lutté durant les mois de sa capti-vité pour défendre sa joliesse, pour conserver sa santé, pour retenir sa jeunesse. Tous les jours de sa détention, elle a fait de la gymnas-tique, elle s'est soignée quand même, comme elle a pu, en dépit de la lourde fatigue. Il faut avoir été quelque temps prisonnier pour
40 bien comprendre ce que cela représente de volonté et d'espoir.

Maintenant, elle veut essayer de revivre. Mais elle refuse la pitié pour sa déchéance et pour sa misère, elle refuse l'admiration que lui vaut sa vaillance. Elle ne veut pas encore reprendre le chemin de la maison ni revoir son mari, ni qu'il la revoie. Avant,
45 elle va tâcher de retrouver toute sa blondeur, un peu de sa fraî-cheur. Dans trois semaines, à peu près, ce sera le jour anniversaire de leur mariage. Elle aura une robe pareille à celle qu'elle portait ce soir de l'hiver 1943 quand elle est partie pour ce voyage ; elle aura le même sourire, le même parfum dans les cheveux qui seront
50 redevenus longs et blonds. Peut-être. Pas de pitié, non, mais seule-ment l'amour qu'elle avait laissé là-bas.

Ces jours, elle court les magasins, les couturières, les coif-feurs. Qu'on l'habille, qu'on efface ces rides, qu'on farde sa flétrissure, qu'on maquille son malheur. Elle se redresse, elle
55 paiera ce qu'il faut, elle rajeunit déjà.

Une femme seule avec sa seule énergie, qui tente de reconstruire son existence. Mais, où vend-on les crèmes, les eaux, les poudres qui effacent aussi les souvenirs et la tristesse définitive qui demeure au fond du regard ? Où est cette boutique ?

60   Je l'ai dit : on n'est plus accoutumé à la grandeur ni au sublime, mais bien plutôt à leurs contraires. Étrange époque. On aura vu les plus laides lâchetés et aussi les plus beaux courages.

Devant vous, on se trouve maladroit et l'on ne sait comment qualifier votre étonnante conduite, Madame de Ravensbrück.

© Grasset, 1956.

Les camps et le monde extérieur

Que savait-on des camps pendant la guerre ? La question revient souvent, car elle comporte une autre interrogation essentielle : les Alliés auraient-ils pu empêcher le génocide de se commettre ? Aujourd'hui encore, le sujet reste polémique. Il est certain que les nazis avaient tout intérêt à ne pas révéler au grand jour leur projet de génocide, et l'on a vu de quelles précautions ils se sont entourés (voir la présentation) : euphémismes, absence de traces écrites, mais aussi création du camp « modèle » de Terezín, où les Juifs, dans un premier temps, étaient moins maltraités qu'ailleurs. Il est tout aussi certain que l'information ne circulait pas avec autant de facilité il y a soixante ans, et en temps de guerre de surcroît, que de nos jours. Mais comment croire que la mort de millions de personnes a pu passer ainsi inaperçue ? Comment les habitants des villages voisins des camps auraient-ils pu ne pas voir les files de prisonniers affamés travaillant à l'extérieur, et l'incessante fumée noire et grasse montant des crématoires jour et nuit ? Comment les pays où les Juifs étaient raflés auraient-ils pu ne pas s'interroger sur ces dizaines de milliers de départs sans retour ? Plus grave : pourquoi après 1942, alors qu'aucun doute n'était plus permis, les voies ferrées acheminant les convois de déportés ne furent-elles jamais bombardées par les Alliés ? Faut-il admettre un aveuglement – ou pis : une indifférence – de l'humanité face au crime le plus grave jusqu'alors commis contre une partie d'elle-même ? ■

■ Horst Krüger, *Un bon Allemand*

Un bon Allemand est l'autobiographie de Horst Krüger (1919-1999). Il y raconte notamment son enfance au moment de la crise économique qui amène Hitler au pouvoir en 1933.

L'extrait suivant se situe à la fin du récit. Devenu journaliste, Krüger assiste au procès de Francfort, en 1964, au cours duquel, pour la première fois, c'est un tribunal allemand qui juge d'anciens criminels de guerre ayant sévi à Auschwitz.

Maintenant, certaines choses dans cette salle m'apparaissent plus clairement. Ce monsieur assis juste devant moi, à qui j'ai discrètement tapé sur l'épaule ce matin pour lui demander où étaient les accusés mais qui ne m'a pas répondu, c'est Schlage,
5 Bruno Schlage, l'accusé n° 8, de son état concierge et maître maçon : visage lisse, un peu fruste, cheveux clairsemés peignés en brosse, mine pincée d'Allemand occupant des fonctions subalternes. L'accusation lui reproche d'avoir participé à ce qu'il était convenu d'appeler le vidage des bunkers, c'est-à-dire d'avoir tiré
10 de leurs cellules les internés qui allaient être fusillés devant le fameux « mur noir » : « L'accusé aurait pris part à ces exécutions. » Juste devant lui est assis quelqu'un à l'air intelligent, une tête intéressante : Breitwieser, à l'époque juriste et conseiller juridique, détaché depuis 1940 à Auschwitz. C'est l'accusé n° 13. Il
15 a l'air si sympathique et si posé que je m'assurerais ses services

sans l'ombre d'une hésitation. « L'accusation lui reproche d'avoir, à partir d'octobre 1941, époque à laquelle, pour la première fois, on a gazé des gens dans la cave du bloc II, envoyé le gaz toxique Zyklon B dans les locaux, causant ainsi la mort d'environ huit cent cinquante prisonniers de guerre soviétiques et d'environ deux cent vingt internés provenant de l'infirmerie. » Un bon millier de morts : dans ce procès, on peut dire que ça n'a rien d'excessif et peut-être l'accusé est-il en train de se dire : « Ce n'étaient que des Russes, pas des juifs, n'est-ce pas ? » Sa profession aujourd'hui : comptable.

Je compulse les documents que m'a prêtés mon collègue de Hambourg et, comme la Cour n'a pas encore fait son entrée, je parcours rapidement ce qu'il y est dit de l'accusé Boger : Wilhelm Boger, né en 1906 à Stuttgart. Il est assis devant, il a le n° 3, il est employé de commerce, comptable lui aussi. Qu'est-ce que c'est que cette histoire ? Il n'y avait donc que des comptables chez les SS ? Moi qui croyais que c'étaient des héros, des preux, des « hommes allemands », des vrais ! Je survole rapidement les indications concernant les opérations de sélection, tri, gazage, les exécutions de masse, le « mur noir ». Ce sont là des délits qui ne sont plus chiffrables, des assassinats de masse, quelque chose d'inconcevable et d'anonyme. Au fond, ça apprend peu de chose sur le cas Boger, mais ensuite je lis : « Boger est également responsable de nombreux actes isolés. On l'accuse entre autres choses d'avoir tué de deux coups de pistolet la détenue secrétaire Tofler, dans le bloc II ; d'avoir, dans les cuisines des internés, maintenu tête sous l'eau jusqu'à ce que mort s'ensuive un ecclésiastique de soixante ans ; d'avoir abattu avec un pistolet, d'une distance d'environ trois mètres, un couple polonais et ses trois enfants ; d'avoir tué à coups de pied le général polonais Dlugiszewski déjà réduit à l'état de squelette par la famine ; à l'automne 1944, lors de l'écrasement de l'insurrection du commando spécial employé aux crématoires, d'avoir, avec d'autres SS, abattu d'un coup de pistolet dans la nuque une centaine d'internés contraints de s'allonger sur le sol. »

50 Et je tourne les pages, et je tombe sur ceci : « Après la guerre, Boger a séjourné plusieurs années, sans déclaration de domicile, dans les environs de Crailsheim où il travaillait chez des paysans. Par la suite, il a été employé de commerce à Stuttgart. »

Et je me dis : il était donc redevenu ce qu'il était avant, un
55 brave type de comptable, compétent. Exactement ce qu'on recherche à Stuttgart : quelqu'un sur qui l'on peut compter. Quelqu'un qui avait refait sa vie, qui avait retrouvé le sommeil et qui avait certainement camarades, amis et famille – quelqu'un dont les morts ne hantaient pas les rêves. Et s'il n'y avait pas ici, dans
60 ce Land « rouge » de Hesse [1], cet homme courageux et résolu, ce Procureur Général Bauer, une chance dans notre Justice, un miracle dans notre État de fonctionnaires, et si ce Fritz Bauer n'avait pas décidé, il y a de cela bien des années déjà : « Nous ferons ce procès, que l'opinion publique y soit favorable ou non,
65 et nous le ferons ici, à Francfort », alors peut-être que Boger serait encore à Stuttgart assis bravement derrière ses rangées de chiffres à faire des additions, à tirer des traits, à dessiner des graphiques à l'encre rouge, à l'encre bleue, à l'encre verte, et peut-être que dans ses rêves ses victimes continueraient de lui ficher la paix. [...]

70 Comment peut-on au juste, après Auschwitz, redevenir un personnage aussi correct et aussi apprécié, un aussi bon élément de notre société ? Comment ça marche ? Qu'est-ce que les médecins, les psychologues, les psychiatres ont à nous dire à ce sujet ? Depuis, aucun des accusés ne s'est « fait remarquer ». Tous se sont
75 refait un ordre, un foyer, une position sociale. Tous dans leurs communes respectives étaient redevenus de méritants et respectables concitoyens, des gens sérieux dans le travail et à qui la chance souriait, souvent même ils étaient aimés. Devant est assis Kaduk, accusé n° 10, Oswald Kaduk, de son métier boucher et
80 aide-soignant, l'un des rares faciès rebutants que l'on puisse voir

---

1. *Ce Land « rouge » de Hesse* : le Land (province) de Hesse était « rouge », c'est-à-dire gouverné par la gauche sociale-démocrate.

ici, le type même, je présume, de la brute qui cognait dans les camps, en tout cas telle qu'on l'imagine dans ses cauchemars : toujours brutal, souvent ivre. L'accusation lui reproche des assassinats par milliers, mais là encore me paraissent beaucoup plus
85 révélatrices ces petites privautés bestiales commises pour ainsi dire en passant et en dehors du service : ces étranglements, ces coups jusqu'à ce que mort s'ensuive, ces mauvais traitements, ces internés jetés contre les barbelés, ce pendu fouetté jusqu'au sang parce que la corde avait cassé puis raccroché à une corde neuve,
90 ces internés à qui il passait la corde au cou avant de renverser le tabouret sur lequel ils étaient juchés, ce jeune juif piétiné à mort, ces autres à qui il tirait une balle dans le ventre, le tout pendant des années parce que, n'est-ce pas, c'était ce que voulait Hitler. Et c'est ce même Kaduk qui est passé à l'Ouest en 1956, qui est
95 devenu aide-soignant dans un hôpital de Berlin du temps où le maire de la ville s'appelait Willy Brandt [1], et dont les patients racontent aujourd'hui dans des lettres adressées au tribunal quel bon infirmier c'était, chaleureux, attentif. À l'hôpital, on l'appelait « Papa Kaduk ».
100 De nouveau, cet effroi en moi : c'est donc ça, l'homme ? C'est ainsi qu'il est ? Ou bien est-ce peut-être le repentir, le désir de réparer, une conversion intérieure, « la mort du vieil homme » ? À voir Kaduk assis là, devant, à côté de son avocat, carré, massif, sans cou, une caricature de boucher, sûr de lui, adroit à défendre
105 ses intérêts, ce n'est pas l'impression qu'il donne : c'est simplement le « vieil homme » qui ne se souvient plus de rien. Si l'on n'était pas allé le dénicher un jour au fin fond de son hôpital, nul doute qu'il aurait fini par mourir, à soixante-dix ou quatre-vingts ans, en Berlinois chenu [2] et méritant percevant retraite, détenteur
110 de je ne sais quelle médaille du mérite, bref en citoyen du monde libre.

---

1. _Willy Brandt_ (1913-1992) : homme d'État allemand, il dirigea l'Allemagne de l'Ouest de 1969 à 1974.
2. _Chenu_ : à cheveux blancs.

Et c'est la première fois maintenant que je comprends pourquoi des juifs refusent de revenir dans cette seconde république de l'histoire allemande, pourtant bien « comme il faut » et parfaitement supportable. C'est la peur, une peur tout ce qu'il y a de plus privée. Eh oui : ce conducteur de tramway, cet employé au guichet de la poste ou des chemins de fer, ce pharmacien ou bien encore cet aide-soignant de Berlin-Ouest qui fait si bien son travail, peut-être que c'était LUI... Comment se mettre à l'abri de pareille surprise ? À New York ou à Tel Aviv, le risque est moins grand. Celui qui n'a dans ce pays que des morts à pleurer, n'a-t-il pas le droit, peut-il faire autrement que d'avoir cette petite peur privée de nous, les Allemands ?

© Actes Sud, 1988.

■ Louis Aragon,
« Chanson pour oublier Dachau »

Louis Aragon (1897-1982) s'est installé en zone libre après la défaite de 1940. Il y publie de la poésie de « contrebande », dans laquelle il exprime des idées interdites avec des mots permis. Entré dans la clandestinité et dans la Résistance, il publie de nombreux poèmes dénonçant la guerre, l'Occupation et les nazis.

Après *Le Crève-cœur*, publié en 1941, Aragon publie en 1948 *Le Nouveau Crève-cœur*, prolongement du précédent, d'où est extraite « Chanson pour oublier Dachau ».

Nul ne réveillera cette nuit les dormeurs
Il n'y aura pas à courir les pieds nus dans la neige
Il ne faudra pas se tenir les poings sur les hanches jusqu'au matin
Ni marquer le pas le genou plié devant un gymnasiarque[1]
dément

---

1. *Gymnasiarque* : chef d'un gymnase antique. Dans la Grèce antique, le gymnase était une école publique d'athlétisme.

Les femmes de quatre-vingt-trois ans les cardiaques ceux qui
justement

Ont la fièvre ou des douleurs articulaires ou
Je ne sais pas moi les tuberculeux
N'écouteront pas les pas dans l'ombre qui s'approchent
Regardant leurs doigts déjà qui s'en vont en fumée

10   Nul ne réveillera cette nuit les dormeurs

Ton corps n'est plus le chien qui rôde et qui ramasse
Dans l'ordure ce qui peut lui faire un repas
Ton corps n'est plus le chien qui saute sous le fouet
Ton corps n'est plus cette dérive aux eaux d'Europe
15   Ton corps n'est plus cette stagnation cette rancœur
Ton corps n'est plus la promiscuité des autres
N'est plus sa propre puanteur
Homme ou femme tu dors dans des linges lavés

Ton corps

20   Quand tes yeux sont fermés quelles sont les images
Qui repassent au fond de leur obscur écrin
Quelle chasse est ouverte et quel monstre marin
Fuit devant les harpons d'un souvenir sauvage
Quand tes yeux sont fermés revois-tu revoit-on
25   Mourir aurait été si doux à l'instant même
Dans l'épouvante ou l'équilibre est stratagème
Le cadavre debout dans l'ombre du wagon
Quand tes yeux sont fermés quel charançon les ronge
Quand tes yeux sont fermés les loups font-ils le beau
30   Quand tes yeux sont fermés ainsi que des tombeaux
Sur des morts sans suaire en l'absence des songes

Tes yeux

Homme ou femme retour d'enfer
Familiers d'autres crépuscules
35   Le goût de soufre aux lèvres gâtant le pain frais
Les réflexes démesurés à la quiétude villageoise de la vie
Comparant tout sans le vouloir à la torture
Déshabitués de tout
Hommes et femmes inhabiles à ce semblant de bonheur
revenu
40   Les mains timides aux têtes d'enfants
Le cœur étonné de battre

Leurs yeux

Derrière leurs yeux pourtant cette histoire
Cette conscience de l'abîme
45   Et l'abîme
Où c'est trop d'une fois pour l'homme être tombé
Il y a dans ce monde nouveau tant de gens
Pour qui plus jamais ne sera naturelle la douceur
Il y a dans ce monde ancien tant et tant de gens
50   Pour qui toute douceur est désormais étrange
Il y a dans ce monde ancien et nouveau tant de gens
Que leurs propres enfants ne pourront pas comprendre

Oh vous qui passez
Ne réveillez pas cette nuit les dormeurs

© Gallimard.

■ Jean Ferrat, « Nuit et Brouillard »

Fils de déporté, Jean Ferrat (né en 1930) est depuis la fin des années 1950 une figure de la chanson engagée. Longtemps proche du parti communiste, ami d'Aragon dont il a mis en musique de nombreux poèmes, c'est en 1963 qu'il compose « Nuit et Brouillard », chanson-titre d'un album couronné par le prix de l'académie Charles-Cros.

Le titre « Nuit et Brouillard » fait allusion à l'opération du même nom (en allemand : *Nacht und Nebel*) lancée en décembre 1941 par les nazis, et consistant à faire disparaître dans les camps – et sans laisser de traces – certains résistants des pays de l'Ouest.

Ils étaient vingt et cent, ils étaient des milliers,
Nus et maigres, tremblants, dans ces wagons plombés,
Qui déchiraient la nuit de leurs ongles battants,
Ils étaient des milliers, ils étaient vingt et cent.
5   Ils se croyaient des hommes, n'étaient plus que des nombres :
Depuis longtemps leurs dés avaient été jetés.
Dès que la main retombe il ne reste qu'une ombre,
Ils ne devaient jamais plus revoir un été.

La fuite monotone et sans hâte du temps,
10 Survivre encore un jour, une heure, obstinément.
Combien de tours de roues, d'arrêts et de départs
Qui n'en finissaient pas de distiller l'espoir.
Ils s'appelaient Jean-Pierre, Natacha ou Samuel,
Certains priaient Jésus, Jéhovah ou Vichnou,
15 D'autres ne priaient pas, mais qu'importe le ciel,
Ils voulaient simplement ne plus vivre à genoux.

Ils n'arrivaient pas tous à la fin du voyage ;
Ceux qui sont revenus peuvent-ils être heureux ?
Ils essaient d'oublier, étonnés qu'à leur âge

20 Les veines de leurs bras soient devenus si bleues.
Les Allemands guettaient du haut des miradors,
La lune se taisait comme vous vous taisiez,
En regardant au loin, en regardant dehors,
Votre chair était tendre à leurs chiens policiers.

25 On me dit à présent que ces mots n'ont plus cours,
Qu'il vaut mieux ne chanter que des chansons d'amour,
Que le sang sèche vite en entrant dans l'histoire,
Et qu'il ne sert à rien de prendre une guitare.
Mais qui donc est de taille à pouvoir m'arrêter ?
30 L'ombre s'est faite humaine, aujourd'hui c'est l'été,
Je twisterais [1] les mots s'il fallait les twister,
Pour qu'un jour les enfants sachent qui vous étiez.

Vous étiez vingt et cent, vous étiez des milliers,
Nus et maigres, tremblants, dans ces wagons plombés,
35 Qui déchiriez la nuit de vos ongles battants,
Vous étiez des milliers, vous étiez vingt et cent

Paroles et musique : J. Ferrat
© 1980 by Productions Alleluia
© 1963 by Production Gérard Meys.

---

1. *Je twisterais* : allusion au twist, danse à la mode au début des années 1960 (de l'anglais *to twist*, tordre).

DOSSIER

■ Tableau de raciologie comparant les traits des enfants allemands et juifs.

L'antisémitisme et la loi

Le IIIᵉ Reich, un État racial

En avril 1933, le ministère de l'Intérieur du Reich mettait en place un comité d'experts pour la Population et la Politique raciale. Il vise à faciliter l'élimination de tous les éléments « impurs » qui, selon la doctrine nazie, font obstacle au développement harmonieux de la race aryenne.

Les Juifs sont les premiers visés par les mesures d'épuration, car ils représentent aux yeux de Hitler le plus grand danger. Ces mesures touchent également cependant d'autres catégories de population : malades, handicapés, étrangers...

Le 14 juillet 1933, l'adoption de la « loi pour la prévention de la procréation de malades héréditaires » rend légale la stérilisation des personnes qu'une cour de santé héréditaire composée d'experts médicaux et juridiques a déclarés incurables et susceptibles de transmettre leurs tares à leur descendance ; c'est notamment le cas pour les alcooliques. À partir d'octobre 1935, tous les Allemands doivent déclarer leurs caractéristiques raciales et posséder pour se marier des certificats attestant leur aptitude raciale.

Dans les écoles, une nouvelle matière est intégrée aux programmes : la « raciologie » (voir le témoignage de Frank S., p. 28). À l'aide de tableaux de propagande, semblables à celui reproduit ci-contre, les élèves doivent apprendre à distinguer un Aryen d'un Juif.

Les lois de Nuremberg

Les « lois pour la protection du sang allemand », également appelées lois de Nuremberg, furent adoptées en 1935 (voir chronologie, p. 14) par le gouvernement de Hitler. Elles visaient tout simplement à exclure les Juifs de la société allemande voulue par les nazis : en voici quelques extraits.

Inspiré par la volonté indomptable d'assurer l'avenir de la nation allemande, le Reichstag a adopté à l'unanimité la loi suivante :

1. Les mariages entre Juifs et sujets de sang allemand ou assimilé sont interdits.

2. Les relations sexuelles entre Juifs et sujets de sang allemand ou assimilé, en dehors du mariage, sont interdites.

3. Les Juifs n'ont pas le droit d'employer au service de leur ménage des femmes de sang allemand ou assimilé de moins de 45 ans.

4. Il est interdit aux Juifs de hisser les couleurs nationales allemandes...

La tradition antisémite

Les mesures prises dès 1933 à l'encontre des Juifs trouvent leur origine, d'après l'historien Raul Hilberg, dès la fin de l'Antiquité, dans le droit canonique, qui est la loi de l'Église chrétienne. Le tableau ci-dessous souligne cette similitude. Dans *La Destruction des Juifs d'Europe* (Fayard, 1988), l'historien établit un parallèle entre les mesures prises par l'Église catholique dès le IVe siècle après Jésus-Christ et les mesures nazies en Allemagne.

Législation catholique		Législation nazie	
Interdiction des mariages mixtes et des relations sexuelles entre chrétiens et Juifs.	306	Loi pour la protection du sang et de l'honneur allemand.	Septembre 1935
Défense aux juifs et aux chrétiens de manger à la même table.	306	Exclusion des Juifs des wagons-restaurants.	Décembre 1939
Exclusion des Juifs de toute fonction publique.	535	Loi portant réorganisation du service public civil.	Avril 1933

Défense aux Juifs de paraître dans les rues pendant la Semaine sainte.	538	Décret autorisant les autorités locales à interdire les rues aux Juifs certains jours.	Décembre 1938
Défense aux chrétiens de se faire soigner par des médecins juifs.	692	Décret du 25 juillet 1938.	
Défense aux Juifs de porter plainte ou de témoigner devant les tribunaux contre des chrétiens.	1179	Proposition de la Chancellerie d'interdire aux Juifs d'intenter des actions au civil.	Septembre 1942
Défense aux Juifs de retenir des biens revenant à des héritiers convertis au christianisme.	1179	Décret donnant pouvoir au ministre de la Justice d'annuler les testaments contraires au « sain jugement du peuple ».	Juillet 1938
Insigne marquant les vêtements des Juifs.	1215	Décret du 1er septembre 1941.	
Interdiction de construire de nouvelles synagogues.	1267	Destruction des synagogues dans tout le Reich.	Novembre 1938
Défense aux chrétiens d'assister à des cérémonies juives.	1267	Interdiction d'entretenir des relations amicales avec des Juifs.	Octobre 1941
Ghettos obligatoires.	1267	Circulaire Heydrich sur la création de ghettos dans les territoires occupés par le Reich.	Septembre 1939
Défense aux chrétiens de vendre ou de louer des biens immobiliers à des Juifs.	1267	Décret permettant la vente forcée des biens immobiliers juifs.	Décembre 1938

Conversion d'un chrétien au judaïsme ou retour au judaïsme d'un Juif baptisé définis comme hérésies.	1279	Un chrétien converti au judaïsme risque d'être traité comme un Juif.	Juin 1942
Défense aux Juifs d'agir comme intermédiaires dans la conclusion de contrats entre chrétiens, tout particulièrement de contrats de mariage.	1434	Décret organisant la liquidation des agences immobilières, des maisons de courtage et des agences matrimoniales juives offrant leurs services à des non-Juifs.	Juillet 1936
Défense de décerner aux Juifs des titres universitaires.	1434	Loi contre l'encombrement des écoles et universités allemandes.	Avril 1933

La législation antisémite en France

En France, le maréchal Pétain signe l'armistice avec l'Allemagne le 22 juin 1940 et s'engage immédiatement dans « la voie de la collaboration » avec Hitler. Cette collaboration se fait largement au détriment des Juifs français : dès le 3 octobre 1940 une série de lois définissent le « statut des Juifs », publié au *Journal officiel*, le 18 octobre. Il sera bientôt suivi par un second statut, en juin 1941. Voici les principaux extraits du premier.

Loi portant statut des Juifs

Nous, Maréchal de France, chef de l'État français, le conseil des ministres entendu,

Décrétons :

Article 1er. Est regardé comme Juif, pour l'application de la présente loi, toute personne issue de trois grands-parents de race juive ou de deux grands-parents de la même race, si son conjoint lui-même est juif.

Art. 2. L'accès et l'exercice des fonctions publiques et mandats énumérés ci-après sont interdits aux Juifs :

1. Chef de l'État, membre du Gouvernement, conseil d'État, conseil de l'ordre national de la Légion d'honneur, Cour de cassation, Cour des comptes, corps des Mines, corps des Ponts et Chaussées, Inspection générale des finances, Cours d'appel, tribunaux de première instance, justices de paix, toutes juridictions d'ordre professionnel et toutes assemblées issues de l'élection.

2. Agents relevant du département des Affaires étrangères, secrétaires généraux des départements ministériels, directeurs généraux, directeurs des administrations centrales des ministères, préfets, sous-préfets, secrétaires généraux des préfectures, inspecteurs généraux des services administratifs au ministère de l'Intérieur, fonctionnaires de tous grades attachés à tous services de police.

3. Résidents généraux, gouverneurs généraux, gouverneurs et secrétaires généraux des colonies, inspecteurs des colonies.

4. Membres des corps enseignants.

5. Officiers des armées de terre, de mer et de l'air.

6. Administrateurs, directeurs, secrétaires généraux dans les entreprises bénéficiaires de concessions ou de subventions accordées par une collectivité publique, postes à la nomination du Gouvernement dans les entreprises d'intérêt général.

Art. 3. L'accès et l'exercice de toutes les fonctions publiques autres que celles énumérées à l'article 2 ne sont ouverts aux Juifs que s'ils peuvent exciper de l'une des conditions suivantes :

a) Être titulaire de la carte de combattant 1914-1918 ou avoir été cité au cours de la campagne 1914-1918 ;

b) Avoir été cité à l'ordre du jour au cours de la campagne 1939-1940 ;

c) Être décoré de la Légion d'honneur à titre militaire ou de la médaille militaire.

Art. 4. L'accès et l'exercice des professions libérales, des professions libres, des fonctions dévolues aux officiers ministériels et à tous auxiliaires de la justice sont permis aux Juifs, à moins que des règlements d'administration publique n'aient fixé pour eux une proportion déterminée. Dans ce cas, les mêmes règlements détermineront les conditions dans lesquelles aura lieu l'élimination des Juifs en surnombre.

Art. 5. Les Juifs ne pourront, sans condition ni réserve, exercer l'une quelconque des professions suivantes :

Directeurs, gérants, rédacteurs de journaux, revues, agences ou périodiques, à l'exception de publications de caractère strictement scientifique.

Directeurs, administrateurs, gérants d'entreprises ayant pour objet la fabrication, l'impression, la distribution, la présentation de films cinématographiques ; metteurs en scène et directeurs de prises de vues, compositeurs de scénarios, directeurs, administrateurs, gérants de salles de théâtre ou de cinématographie, entrepreneurs de spectacles, directeurs, administrateurs, gérants de toutes entreprises se rapportant à la radiodiffusion.

Des règlements d'administration publique fixeront, pour chaque catégorie, les conditions dans lesquelles les autorités publiques pourront s'assurer du respect, par les intéressés, des interdictions prononcées au présent article, ainsi que les sanctions attachées à ces interdictions.

[...]

Art. 8. Par décret individuel pris en conseil d'État et dûment motivé, les Juifs qui, dans les domaines littéraire, scientifique, artistique, ont rendu des services exceptionnels à l'État français, pourront être relevés des interdictions prévues par la présente loi.

[...]

Art. 9. La présente loi est applicable à l'Algérie, aux colonies, pays de protectorat et territoires sous mandat.

Art. 10. Le présent acte sera publié au *Journal officiel* et exécuté comme loi de l'État.

Fait à Vichy, le 3 octobre 1940.
Philippe Pétain.

Loi sur les ressortissants étrangers de race juive

Nous, Maréchal de France, chef de l'État français, le conseil des ministres entendu,

Décrétons :

Article 1er. Les ressortissants étrangers de race juive pourront, à dater de la promulgation de la présente loi, être internés dans des camps spéciaux par décision du préfet du département de leur résidence.

[…]

Art. 3. Les ressortissants étrangers de race juive pourront en tout temps se voir assigner une résidence forcée par le préfet du département de leur résidence.

Art. 4. Le présent décret sera publié au *Journal officiel* pour être observé comme loi de l'État.

> Fait à Vichy, le 4 octobre 1940.
> Philippe Pétain.

Le régime de Vichy met la police française à la disposition des nazis pour arrêter les Juifs. En juillet 1942, c'est la rafle du Vél d'Hiv, suivie d'autres arrestations : les Juifs sont envoyés en camp de transit, comme Drancy, puis déportés. C'est ce qui arrive au jeune Jean-Claude Loterman, âgé de trois ans et demi, arrêté en août 1942 avec sa mère. Sa sœur Suzanne tente de faire appel au préfet pour obtenir la libération de l'enfant. En vain. Il est déporté à Auschwitz où il meurt peu après sa mère. Tout comme Suzanne Loterman, l'année suivante.

À Monsieur le Préfet
Service des camps de concentration
Préfecture de Police – Paris.

Monsieur le Préfet,
Je sollicite de votre haute bienveillance de bien vouloir examiner mon cas et de donner suite à ma demande.

Ma mère, Gina Loterman, Polonaise, a été arrêtée lors des rafles visant les Juifs étrangers. Les agents chargés de l'arrestation ont voulu me laisser mon petit frère en garde, trois ans et demi, Français comme moi, mais l'enfant s'est accroché à sa mère, celle-ci était affolée, bref elle a emmené l'enfant pensant me le rendre quelques heures après.

Maintenant, cela fait quelques semaines que ma mère a été déportée ; l'enfant se trouve seul à Drancy et je suis sans nouvelles.

Je travaille, suis Française, je suis restée au logis familial et désire ardemment avoir mon petit frère. Je vous supplie, Monsieur le Préfet, de faire quelque chose pour cet enfant. C'est son intérêt et ce serait ma seule consolation.

Voici mes renseignements :

Suzanne Loterman, 24, rue Victor-Massé, Paris (IXe), Française, née à Paris le 28 avril 1923, je travaille 58, rue La Boétie, Direction de la Laine, comme sténo-dactylo,

et réclame mon petit frère :

Jean-Claude Loterman, Français, né à Paris le 13 octobre 1938, a été opéré récemment de l'otite par le Docteur Marteret, Cité Malesherbes, Paris (IXe), l'enfant est actuellement dans le camp de Drancy.

Monsieur le Préfet, c'est un enfant fragile, je suis sa grande sœur, je n'ai que lui, je suis comme sa mère et tout mon espoir est d'avoir cet enfant. Ayez pitié de lui.

Dans l'attente d'une suite très prochaine qui, je l'espère, sera satisfaisante,

Veuillez agréer, Monsieur le Préfet, l'assurance de mes sentiments les plus respectueux [1].

---

1. Lettre citée par Jean-François Forges, *Éduquer contre Auschwitz*, ESF éditeur, 1997.

Le génocide :
un crime contre l'humanité

Les pertes

Le bilan du génocide juif est très difficile à établir précisément. En voici toutefois une estimation fournie par Raul Hilberg.

• Pertes de la population juive par pays	
Pologne	3 000 000
URSS	700 000
Roumanie	270 000
Tchécoslovaquie	260 000
Allemagne	200 000
Hongrie	180 000
Pays-Bas	100 000
France	75 000
Grèce	60 000
Autriche	50 000
• Causes des décès	
Ghettos et privations	800 000
Exécutions par fusillades	1 300 000
Camps	3 000 000
dont Auschwitz	1 000 000
Treblinka	750 000
Belzec	550 000
Sobibór	200 000

Le procès de Nuremberg

En octobre 1945 s'ouvre le procès de Nuremberg, où sont jugés les principaux dirigeants nazis encore en vie. Il dure un an et débouche sur plusieurs condamnations à mort, dont celles de Gőring, von Ribbentrop et Rosenberg, ministres et proches collaborateurs de Hitler.

Voici l'article 6 du Statut de Tribunal de Nuremberg, qui définit les trois chefs d'inculpation retenus contre les accusés.

Les actes suivants ou l'un quelconque d'entre eux sont des crimes soumis à la juridiction du Tribunal et entraînant une responsabilité individuelle :

a) Les crimes contre la paix : c'est-à-dire la direction, la préparation, le déclenchement ou la poursuite d'une guerre d'agression ou d'une guerre de violation des traités, assurances ou accords internationaux, ou la participation à un plan concerté ou à un complot pour l'accomplissement de l'un quelconque des actes qui précèdent ;

b) Les crimes de guerre : c'est-à-dire les violations des lois et coutumes de la guerre. Ces violations comprennent, sans y être limitées, l'assassinat, les mauvais traitements ou la déportation pour des travaux forcés, ou pour tout autre but, des populations civiles dans les territoires occupés, l'assassinat ou les mauvais traitements des prisonniers de guerre ou des personnes en mer, l'exécution des otages, le pillage des biens publics ou privés, la destruction sans motif, des villes et des villages ou la dévastation que ne justifient pas les exigences militaires ;

c) Les crimes contre l'humanité : c'est-à-dire l'assassinat, l'extermination, la réduction en esclavage, la déportation ou tout autre acte inhumain commis contre toutes populations civiles, avant ou pendant la guerre, ou bien les persécutions pour des motifs politiques, raciaux ou religieux, lorsque ces actes ou persécutions, qu'ils aient constitué ou non une violation du droit interne du pays où ils ont été perpétrés, ont été commis à la suite de tout crime entrant dans la compétence du Tribunal, ou en liaison avec ce crime.

La législation internationale

Face à l'ampleur des crimes, les Nations unies réagissent : tout d'abord en organisant le procès de Nuremberg, puis en définissant le crime de génocide. L'histoire de la seconde moitié du XXe siècle a montré que ce type de crimes de masse n'avait pas fini d'être perpétré. Voici quelques repères chronologiques concernant les avancées internationales visant à réprimer le génocide :

1945-1946 : création de deux TPI (Tribunaux pénaux internationaux) à Nuremberg et en Extrême-Orient.

1948 : Convention pour la prévention et la répression du crime de génocide.

1949 : signature des quatre conventions de Genève sur le droit international humanitaire.

1993 : le Conseil de sécurité de l'Onu crée le TPI pour l'ex-Yougoslavie.

1994 : le Conseil de sécurité de l'Onu crée le TPI pour le Rwanda.

1995 : l'Assemblée générale de l'Onu lance le projet d'une Cour pénale internationale (CPI) qui siégera de façon permanente.

1998 : le 17 juillet, la CPI est adoptée par l'Onu.

2001 : ouverture du procès de Slobodan Milošević, ex-chef de l'État yougoslave, inculpé par la CPI de crimes de guerre.

La Convention pour la prévention et la répression du crime de génocide est approuvée par l'Assemblée générale de l'Onu le 9 décembre 1948. Son article 2 définit ainsi le crime de génocide :

Dans la présente Convention, le génocide s'entend de l'un quelconque des actes ci-après, commis dans l'intention de détruire, ou tout ou en partie, un groupe national, ethnique, racial ou religieux, comme tel :

a) Meurtre de membres du groupe ;

b) Atteinte grave à l'intégrité physique ou mentale des membres du groupe ;

c) Soumission intentionnelle du groupe à des conditions d'existence devant entraîner sa destruction physique totale ou partielle ;

d) Mesures visant à entraver les naissances au sein du groupe ;

e) Transfert forcé d'enfants du groupe à un autre groupe. ■

Le devoir de mémoire

Quelle mémoire ?

L'historien Georges Bensoussan pose dans son essai *Auschwitz en héritage ?* (Mille et Une Nuits, 1998) le problème de la transmission de la mémoire : à quoi bon une histoire de la Shoah si ce n'est pour éviter qu'elle ne se reproduise ? Commémorer et comprendre sont deux attitudes différentes : la première se rapporte à l'émotion tandis que la seconde fait appel à la réflexion. Pour Bensoussan, seule une réflexion politique des facteurs qui ont rendu possible le génocide permettra d'éviter qu'il ne se reproduise un jour.

La commémoration est une vérification d'identité. C'est le moment où les citoyens constatent qu'ils partagent valeurs et principes communs. Mais la commémoration n'est pas synonyme de connaissance. Ainsi, par exemple, le voyage sur les lieux du meurtre de masse n'a pas, à lui seul, d'effet de connaissance ni de sens, tant l'émotion qui accompagne légitimement tout pèlerinage barre souvent la voie à la raison. C'est en ce sens que la commémoration, élément essentiel de la mémoire faite religion civile, porte plus au rite qu'à la compréhension du passé. Elle est, de surcroît, souvent liée aux institutions et aux effets de pouvoir qui en émanent et qui empêchent d'entendre. Car quelle qu'elle soit, par sa nature même, l'institution est toujours garante de l'ordre : elle est mal habilitée, ce faisant, à entendre l'irrationalité des désastres politiques du siècle et les questions iconoclastes qu'ils soulèvent. Parce qu'elle se situe dans le cadre des pouvoirs institués, la commémoration est plus un ressourcement identitaire qu'une leçon d'Histoire. La réalité, trop violente pour être dite, est euphémisée dans un rituel qui est une forme codifiée de l'oubli, lequel permet de continuer à vivre…

[…] Y a-t-il un enseignement politique à tirer de l'histoire de la Shoah ? Oui, si le mal est pensé en termes politiques et non en termes moraux et sentimentaux. Comme toute *histoire*, la Shoah nous force à tenter de *comprendre* ce qui s'est passé. En l'occurrence, ici, à tenter de pénétrer l'univers mental de l'assassin. Et non de procéder seulement par compassion/identification aux victimes. C'est pourquoi l'enseignant peut opposer mémoire littérale et mémoire vivante. La première s'enferme dans la singularité de son épreuve. La seconde réfléchit politiquement au passé et en tire un *engagement* pour le présent. Ainsi David Rousset, rescapé du camp nazi, lutte-t-il dès 1947 contre les camps soviétiques […]. Sa mémoire n'a pas fait écran aux malheurs du temps. La mémoire littérale, elle, menace de demeurer vaine. « Leçon de mémoire » ou « devoir de mémoire », le rituel tourne souvent à vide et devient discours convenu, propos obligatoire auquel nul notable ne saurait plus manquer. Dernière trahison des victimes ainsi momifiées dans la langue morte des propos de circonstance. Au printemps 1994, le Premier ministre français Édouard Balladur, en visite en Pologne, se rend à Auschwitz et y prononce de fortes paroles. Au même moment, se déroule le génocide des Tutsis du Rwanda dans lequel la France, on le sait mieux aujourd'hui, eut sa part de responsabilité…

Révisionnisme et négationnisme

L'extrême droite veut minimiser, voire nier l'existence du génocide juif. Ceux qu'on appelle révisionnistes, ou négationnistes, entendent démontrer, contre toute évidence, que les chambres à gaz sont une invention des Juifs pour discréditer les Allemands. Cette propagande mensongère, lancée et relayée en France par des individus comme Lucien Rebatet, Paul Rassinier et Robert Faurisson, poursuit une visée politique : nier le génocide, c'est ôter au nazisme son aspect le plus odieux ; c'est du même coup rendre respectables ceux qui, en France, ont collaboré avec lui ; c'est enfin, par conséquent, permettre que se développent à nouveau des mouvements politiques d'inspiration similaire.

Bien qu'extrêmement minoritaire, le négationnisme existe. Combattre les idées perverses de ceux que l'historien Pierre Vidal-Naquet appelle « les assassins de la mémoire » est plus qu'un devoir : c'est une nécessité.

Pour aller plus loin

Bibliographie

La masse de livres écrits sur les camps de concentration est considérable et recouvre des genres bien différents, de l'essai historique au roman en passant par le témoignage vécu. La sélection qui suit est donc nécessairement subjective et partielle.

Témoignages

Robert ANTELME, *L'Espèce humaine*, Gallimard, 1957.

Margarete BUBER-NEUMANN, *Milena*, Seuil, 1986.

Martin GRAY, *Au nom de tous les miens*, Laffont, 1971.

Joseph JOFFO, *Un sac de billes*, Jean-Claude Lattès, 1973.

Primo LEVI, *Si c'est un homme*, Robert Laffont, 1996 (Ire édition : Julliard, 1987).

David ROUSSET, *L'Univers concentrationnaire*, Éditions de Minuit, 1981.

Jorge SEMPRÚN, *L'Écriture ou la Vie*, Gallimard, 1994.

Témoigner : Paroles de la Shoah, présentées et recueillies par Joshua M. Greene et Shiva Kumar, Flammarion, 2000.

Élie WIESEL, *La Nuit*, Minuit, 1958.

Romans

Robert BOBER, *Quoi de neuf sur la guerre ?*, POL, 1993.

Claude GUTMAN, *La Maison vide*, Gallimard-Jeunesse, 1993.

Daniel MENDELSOHN, *Les Disparus*, Flammarion, 2007.

Robert MERLE, *La mort est mon métier*, Gallimard, 1976.

Georges PEREC, *W ou le Souvenir d'enfance*, Denoël, 1983.

André SCHWARZ-BART, *Le Dernier des Justes*, Seuil, 1959.

William STYRON, *Le Choix de Sophie*, Gallimard, 1983.

Daniel Zimmermann, *Le Dixième Cercle* (*L'Anus du monde*), Le Cherche Midi Éditeur, 1997.

Ouvrages historiques et de réflexion

Georges Bensoussan, *Auschwitz en héritage?*, Mille et Une Nuits, 1998.

Stéphane Bruchfeld et Paul A. Levine, «*Dites-le à vos enfants*»; *histoire de la Shoah en Europe*, Ramsay, 2000.

Anne Grynberg, *La Shoah, l'impossible oubli*, Gallimard, 1995.

Serge Klarsfeld, *Vichy-Auschwitz: le rôle de Vichy dans la solution finale de la question juive en France* (2 vol.), Fayard, 1983-1985.

Annette Wieviorka, *Déportation et génocide, entre la mémoire et l'oubli*, Plon, 1992.

Filmographie

Documentaires

Alain Resnais, *Nuit et Brouillard* (1956).

Claude Lanzmann, *Shoah* (1976).

Fictions

Joseph Losey, *Monsieur Klein* (1976).

Louis Malle, *Au revoir les enfants* (1987).

Steven Spielberg, *La Liste de Schindler* (1993).

Roberto Benigni, *La vie est belle* (1999).

Création maquette intérieure :
Sarbacane Design.

Composition : IGS-CP.
N° d'édition : L.01EHRN000218.C002
Dépôt légal : avril 2009
Imprimé en Espagne par Novoprint (Barcelone)